唐代經濟史

陶希聖 鞠清遠◎著

山西出版傳媒集團
山西人民出版社

圖書在版編目(CIP)數據

唐代經濟史 / 陶希聖，鞠清遠著. —太原：山西人民出版社，2014.12(2024.2重印)
(近代名家散佚學術著作叢刊 / 許嘉璐主編)
ISBN 978-7-203-08779-3

Ⅰ. ①唐… Ⅱ. ①陶… ②鞠… Ⅲ. ①經濟史—中國—唐代 Ⅳ. ①F129.42

中國版本圖書館CIP數據核字(2014)第234711號

唐代經濟史

主　　編　許嘉璐
著　　者　陶希聖　鞠清遠
責任編輯　秦繼華

出 版 者　山西出版傳媒集團·山西人民出版社
地　　址　太原市建設南路21號
郵　　編　030012
發行營銷　0351-4922220　4955996　4956039　4922127(傳真)
天猫官網　https://sxrmcbs.tmall.com　電話　0351-4922159
E-mail　sxskcb@163.com　發行部
　　　　sxskcb@126.com　總編室
網　　址　www.sxskcb.com

經 銷 者　山西出版傳媒集團·山西人民出版社
承 印 廠　山西出版傳媒集團·山西新華印業有限公司

開　　本　700mm×970mm　1/16
印　　張　12.75
字　　數　101千字
版　　次　2014年12月　第1版
印　　次　2024年2月　第二次印刷
書　　號　ISBN 978-7-203-08779-3
定　　價　64.00圓

《近代名家散佚學術著作叢刊》編委會

出版說明

近代名家散佚學術著作叢刊選取一九四九年以後未再刊行之近代名家學術著作共一百二十册，編例如次：

一、本叢書遴選之著作在相關學術領域具有一定的代表性，在學術研究方向、方法上獨具特色。

二、爲避免重新排印時出錯，本叢書原本原貌影印出版。影印之底本皆經專家組審定，原書字體大小、排版格式均未做大的改變，原書之序言、附注皆予保留。

三、本叢書分爲八大類，以作者生卒年編次。

四、爲使叢書體例一致，本叢書前言後記均采用繁體字排版。

五、個別頁碼較少的版本，爲方便裝幀和閱讀，進行了合訂。

六、少數學術著作原書内容有個別破損之處，編者以不改變版本内容爲前提，部分進行修補，難以修復之處保留缺損原狀。

七、原版書中個别錯訛之處，皆照原樣影印，未做修改。

八、所選版本之抽印本頁碼標注，起始至所終頁碼均照原樣影印，未重新編排標注新頁碼。

由於叢書規模較大，不足之處，殷切期待方家指正。

總序／

披沙瀝金，以爲鏡鑒

◇許嘉璐

多年來有一個問題始終在我腦中盤桓：爲什麼在十九世紀末到二十世紀初，在短短的幾十年裏，中國的各個學術領域竟涌現了那麼多大師級的人物？這是中國近代史上一個極爲重要的現象，我認爲，如果不能給出令人滿意的答案，我們撰寫的近代學術史將是不完整的，甚至是缺乏靈魂的。後來我知道，著名人類學家克羅伯曾提出過一個問題：爲什麼天才成群地來？看來這種現象的出現並非中國所獨有，思考其所以然的也大有人在。而在那一次世紀之交中國的情况，似乎應驗了「天才成群地來」這個令克氏久久不解的疑問。錢學森先生曾從相反的方向提出了相同的疑問：爲什麼我們這個時代出現不了杰出人才？後來人們稱這個問題爲「錢學森之謎」。

要回答這些疑問不是件容易的事。與其迅速地囫圇地探尋，不如先多了解那些讓中國近代學術（應該包括人文科學和自然科學）史上閃耀着光輝的大師們的作品和自述，從而在腦海里盡量「復原」他們所處的環境和在那種環境下的心理路徑，從中或許可以得到一些啓示。

有一點是顯然的，這就是他們雖然都已遠離塵世而去，但是他們獨立思考的品性、求知治學的真誠、困厄窮愁中對節操的堅守，恐怕是他們共同的主觀因素，一直影響到現在，而且將會永遠留存下去。

就思想界、學術界而言，二十世紀上半葉是一個新説和舊説碰撞，中學和西學融匯的大時代。那時的學人極爲重視言行操守，同時具備現代知識分子的理想信念；他們的學術研究十分純净，絶少功利因素；他們的視界開闊，以包容的心態和嚴謹的風格造就了成果的大氣與厚重。至於在客觀因素一面，他們實際是在用工業化時代的事實解説着太史公所説的名山之作「大抵聖賢發憤之所爲作」，困厄苦難使得他們「皆意有所鬱結」。這種鬱結，幾乎和個人的名利毫無牽涉，他們永遠不能釋懷的，是民族的存亡、國運的興衰、民衆的福禍和文脈的續斷。

那個時代也是近代歷史上最大規模的中西古今學術調適、創新的時期，學術方法上的交互滲透和融合、創新亦可謂「於斯爲盛」。斯時之學人是要在封閉的屋墻上鑿出窗子的勇士，是使人能够看看外部世界的第一批導夫先路者；或者可以説，他們是在「意有所鬱結」時「彷徨」和「吶喊」的「狂人」。

相對於那時的哲人們，後來者是幸運兒。現在的形勢是，近三十年來學界空前繁榮，衆多學科有了長足之進，其中很重要的一點是學界有了更新穎、更廣闊的國際視野，似乎接續上了百年前的學壇盛事。但細想想，「古」與「今」還是有差別的。其异，主要不在於世界情勢、學術進展、工具改善這些客觀存在，而在於在廣泛吸收各國優長的同時，自身文化的主體性越來越受到重視，換言之，「拿來主義」已經延長了「拿來」的程序，加上了試用、甄別、篩選、吸收、融合、成長。就我孤陋所見，在當今地球上，面向所有異質文明，努力汲取我之所缺，其範圍之大和心態之切，似乎無出中國之右者。從這個角度説，我們已經超越了前輩。但是事情還有另外一面，學術，特別是人文學科，其職業化、「沙龍化」和功利性，以及隨之而來的浮躁病却嚴重了。從這個角度説，是不是我們已經後退得够可以的了？而這是不是我們這個時代出不了大師的原因之一呢？

民國學術界的特點之一是極爲注重對傳統的反省、批判與繼承。他們對傳統文化盡最大的努力進行整理和研究。一方面，由於戰亂頻仍，民不聊生，學者們擔起了讓中華文化薪火相傳的歷史責任；另一方面，他們要通過對中國傳統文化的整理，挖掘來重振民族自信心。這一時期對傳統文化進行整理的全面而深入是前所未有的，舉凡文字學、語言學、經濟學、法學、哲學、政治制度、書法繪畫、金石學……規模之宏大，研究之精微，令人嘆爲觀止。

民國學術推動了現代學科體系的建立。在對傳統文化整理和研究的基礎上，吸收西方的文化思想和理念，推動和建立了中國現代學科體系。例如，在對語言文字和音韵學成果進行整理、研究的基礎上開始着手規範之，建立了國語學；深入研究書法、國畫，將其融入了現代美術學科；在廢除舊有學制後逐步建立起小、中、大學較完整的科目和學科體系。

民國學術也改變了傳統學術方式，建立了新的研究範式。以現代科學考古爲發端，科研的實踐和成果使中國知識界真正認識到在實驗、比較基礎上的邏輯分析對學術研究的重要，推進了中國學術的一大演變。至於我們常説的打破士大夫傳統、走出書齋到田野鄉村和市民中進行調查研究、結束了經學時代、以歷史眼光檢視儒學和諸子等等，都是確立新學術範式的努力。這一轉變，也標誌着中國學術界脱胎换骨，全面進入了現代，爲此後的學術發展奠定了堅實的基礎。當然，西方啓蒙運動以來，在「現代性」和「現代化」裏潛伏着的缺陷和謬誤也傳到了中國，這些不能不在前哲的著作裏留下痕迹。這並不奇怪。類似的情況，古往今來孰能免之？猶如今天的我們，誰敢自稱我之所見就是永恒的真理？在這個問題上兩個時代所異者，或許就在昔時大家創立新説或譯註西學著作，往往是懷着對學術和前哲的敬畏而爲之，故而常常誤不在我；當今則往往出於對學問和他人的輕蔑，或以所研究的對象爲謀己的工具，因而難辭主觀之咎吧。翻閲他們的心血之作，這些復雜的狀況可以顯見，可以視之爲我們的一面鏡子。

滄海桑田，世事變幻，歷史的動盪和時代的遮蔽，使當年許多大師的一些極有價值的學術著作被棄於故紙堆中，不能不令人有遺珠之憾。爲此，山西人民出版社不惜以數年之艱辛，披沙瀝金，編輯出版這套近代名家散佚學術著作叢刊，凡一百二十册，計文學、史學、政治與法律、美學與文藝理論、民族風俗、宗教與哲學、經濟、語言文獻共八大類別。所選皆爲作者之純學術著作，無論是其見解、精神，抑或是其時代烙印，都是後輩學人可資借鑒的寶貴財富。他們出版這套叢書，意在讓世人不忘來程，知篳路藍縷之不易，爲民族文化的傳承再增薪木。

出版社的初衷，與我近年來所思所慮近似，故願略述淺見於書端，以與策劃者、編輯者和讀者共勉。

二〇一四年七月六日

改定於自安東回京途中

前言／精神、历史与事实

◇樊綱

中國古代不乏有趣和重要的經濟思想，但是就形成知識體係的理論或「學說」而言，中國現代經濟學的發展是從嚴復一九〇一年引進翻譯出版英國人亞當·斯密的國富論（一七七六）（當時譯爲原富）開始的。就是説，是從學習西方開始的。也屬於一個落後國家學習與追趕發達國家過程的一個組成部分。

從原富出版（以至更早時期天演論的翻譯和出版），到辛亥革命前後至五四運動時期，中國應該説是發生了第一次思想解放的進程，也就是中國的啓蒙運動，學習研究西方發達國家的科學技術、政治社會理論和人文思想，進入了一個新的時期。在大約半個世紀的時間裏，「大師」成批地出現，進入了一個學術研究的繁榮時期。除了大量翻譯西方的著作，中國人自己的經濟學研究力量也逐步形成，並逐步運用現代的理論和方法，來研究中國的社會、中國的經濟，用現代方法進行的實地調查研究，也多有發生。雖然有連續不斷的內戰和抗日戰争，學術研究却仍在繼續，陸續出版了許多專著和論文。我們這些在「文化大革命」後才進入學術領域的後人經常會好奇：那麽一個戰亂的時代，那些前輩怎麽還在做研究？怎麽還能做研究？每當看到一本那個時代出版的泛黄的「故紙」，一定是仰慕之情油然而生。

也許正是因爲戰亂，因爲當時的落後與貧窮，許多著作出版了，又散落了。有的没有得到應有的傳播，有的研究被打斷，無法産生大的影響。現在山西人民出版社將一些不大爲人所知和没有再印的散佚經濟學著作收集出版，既是拯救，也是發揚。用現在的眼光看，有的著作也許「淺顯」，但這些著作的價值和從中我們可以學到的，其實首先在於以下的一些東西：第一是精神，那種不求世俗功利，出自好奇心在亂世中探索真理的風骨；第二是歷史，我們中國人的思想史，我們現在學的這些東西是如何從外面舶來而在中國的土壤上生根和發展的；第三是事實，是那一輩學者在艱苦的環境下記録下來的當時和以往的事件與史料，這些已經不可復得，但却是我們在研究近現代中國經濟發展的整個進程時不可或缺的。

一代人有一代人的使命，也有一代人的局限。翻閲古籍，令我們思考我們能爲這個國家、這個民族、這個世界留下哪些遺産，我們的後輩將如何評價我們？

二〇一四年八月二十一日寫於深圳

作者簡介

陶希聖（一八九九年—一九八八年），名匯曾，字希聖，筆名方峻峰，湖北黄岡人。一九二四年爲上海商務印書館編輯，同時在上海大學、上海法政大學、東吴大學等校講授法學和政治學。一九二九年後，在上海復旦大學、勞動大學、暨南大學、中國公學、上海法學院、立達學園及中央大學任教；同時與樊仲雲等創辦新生命書局。

鞠清遠是中國二十世紀三十年代「食貨派」學人中專攻社會經濟史的學者。有唐宋官私工業、唐代經濟史、劉晏評傳、唐代之交通、唐代財政史等五部著作。鞠清遠雖然研究中國社會經濟史的時間不長，却爲我國社會經濟史學科的發展作出了開拓和奠基的貢獻。

自序

這本小册子，受了本叢書編輯者的託付，已有兩年。二十三年的冬末，乘寒假的閑暇，我和鞠清遠先生詳細討論綱要經過好幾回的改寫，到二十四年三月末，纔寫成了。材料搜集的周到，功在鞠先生。體裁，系統及觀察解釋如有錯誤，由我負責。

陶希聖在北平

民國二十四年三月十三日

目錄

唐代經濟史

第一章　前代之遺產與隋末之喪亂

黃巾亂起，加速了中原民衆的死亡與流徙。黃巾賊與討黃巾賊的人們，都要掠奪食糧，與掠奪人口。以塢壁自保的豪宗大族，成爲流民聚集的對象與中心。流徙的壓力日益增大，酷戀塢保的豪族大宗也不得不領導宗人部曲流民，參加流徙的洪流。黃巾既滅，豪族大宗的流徙，仍然不能中止，一部份移向江南，一部份在荒涼的中原作生存的奮鬬。戰爭時間愈延長，地域愈擴大，流民的數量愈多，兵士的數量也無形中擴大起來，耕種土地的人民，相反的更縮減下去。

由豪族大宗變成軍事領袖的人們，領導着流民，到處掠奪，爭雄。爭雄的敵手，在中原日趨於減少，軍士們的生活，又成了問題，荒廢的土地，無法解決。爲求生存，大軍事領袖，只有把自己領導的流民，分配在土地上，使他們耕種，這樣成爲屯田。屯田，支持了三國初葉的各地軍隊，三國鼎峙的局面，仍不能減少戰爭，屯田集穀，仍是各大軍事領袖的要務。

晉以屯田集穀的力量，統一了中國。爲保持統一的光榮，鞏固司馬氏的王位，必須減少軍隊，於是屯田，散與解散了的軍人。但是荒閒的土地，仍然很多，財政的，政治的要求，使政府發布了占田課田的命令。占田，是鼓勵耕墾的誘餌，課田是強迫耕墾的鞭策。不過占田課田命令，忘記了農民的耕作能力與農業技術的改良，只是對於耕墾面積，加以政治力量的強制擴大，結果是發展了「粗放耕種」的形式，收穫量甚或不能超過所耗費的種子。(1)

另一方面，在流民流徙時，已加以擴大的豪族田園，由佃客，部曲，奴婢們的耕種，日趨於發展。官府的得蔭佃客衣食客的命令，祇是承認既成事實。受命作粗放耕種的農民，爲避免政府的賦役，成羣的投爲大地主的佃客，限制佃客數量的令文，是沒有用的。

在北方，自漢末以來，已進居到中國邊疆以內的遊牧部落，也成爲中原大地主的佃客，(2)過着窮困的生活，商業的交易，與賊盜官吏的掠奪，把破落戶的胡人，變成奴隸。(3)中央政府的威權，一旦喪失，內地瀕於死亡線的農民，遊民，必然蜂起。久已成爲奴隸佃客的胡人，也起來求種族的解放。這樣，在邊疆上伺機待發的遊牧部落便響應了內地的騷動。

內地的騷動，與邊疆上蠻族之侵入，開始了所謂五胡亂華。

騷動一擴大，中原的豪族士族，除以塢壁自保者外，多數的，結隊渡江。在無戰爭危險的地帶，與土著，豪族士族，共同的占領腴田美地，山林陂澤，造成他們的莊墅林園，建設了他們的水碓和水碾，例如：

> 靈符家本豐，產業甚廣，又於永興立墅，周迴三十三里，水陸田二百六十五頃，含帶二山，又有果園九處。（4）

屬於國家的田地，他們也以「假借」的名義，包佃下來，與自己莊墅，一同的，交與奴婢，或佃客們耕種，發展了佃作制度：

> 如聞頃者豪家富室，多占取公田，貴價僦稅，以與貧民，傷時害政，爲蠹已甚，自今公田悉不得假與豪家。已假者，特聽不追。其若富室給貧民種糧共營作者，不在禁例（5）

在江淮之間，豪族們繼續的收容流民，屯田置治，有些人，還作收復中原的豪舉。不過多數的，則挾流民的勢力，來爭奪王位，爭奪江南的膏腴。江南喪失了土地的農民，與江北流民應和起來，使江南的士族，不得不大爲戰慄，爲保持自己的莊墅，只有歡迎江北的流民領袖，於是所謂朝代便加速的頻繁的更換起來。

在中原，五胡亂華一開始，流亡的速度，就更加快一些。一部份未渡江的豪族，士族，以塢壁自保，抵抗遊徙的農民與叛變的胡人。大部份農民，被迫拋棄了拙笨的農業，大家流動起來，不投於各族軍隊，即深入山澤。大隊，作爭城奪地的壯舉，小隊作劫掠的草賊。由奴隸得到解放的石勒，暫時的統治了一部份地方，爲自己的生存，便不得不改變歷來的態度，把俘虜得的農民，放之爲民，使他們耕作，以供給戰爭遊民的需求。

苻秦的統一，使中原的戰禍，暫時的輕減一下，使苻堅有力量，來作各部落的適當的移徙。淝水戰敗，中央勢力，又復崩潰，混亂的局面，又行開始。終於北魏由山西北部，逐漸的統一了北方。

北魏，原是遊牧部落，在戰爭中，總忘不了俘虜生口的習尚。生口不分配到官吏貴族手中，便分配在各軍隊裏。北魏初年的軍隊多數是有大量的生口的。生口，俘虜的數量愈多，軍隊的生活，便愈不易維持，所以北魏初年便時常計口分田與俘虜生口，一方面減少軍隊的數量，一方面保持了軍隊餉糧的確定的供給。同時，戰爭，人民流徙，旱蝗，便許多肥沃的土地變成荒地。未死或得在塢壁中自保的豪族，大宗，自然得以任便的霸占。戰勝貴族，則更是占地的重要腳色，就是皇室，皇太子，也未能免俗：

殿下……而營立私田，畜養雞犬，乃至販酤市鄽，與民爭利……願殿下……所在田園，分給貧下，畜產販賣，以時收散……恭宗不納。（6）

戰爭息止，流民逐漸歸來，一部份根本沒有耕種的資本，所以，爲安定社會秩序，獎勵開墾荒地，有了這樣的命令：

課畿內之人，使無牛家，以人牛力相貿，墾殖鋤耨。其有牛家，與無牛家一人種田二十畝，償以耘鋤功七畝，如是爲差。至與老小無牛家種田，老小者償以鋤功二畝。（7）

官府在鼓勵耕墾時，特別分別開有牛與無牛家的義務：

（孝文太和元年三月詔曰）去年牛疫，死者太半今東作既興，人須肆業，有牛者加勤於常歲，無牛者倍勤於餘年。一夫制理四十畝中男二十畝無令人有餘力地有遺利。（8）

另一部份流民，歸來後，看到自己的桑田，改換了主人：

竊見州郡之人，或因儉年流移，棄賣田宅，漂居異鄉，事涉數代。三長既立，始返舊墟，廬井荒涼，桑榆改植。事已歷遠，易生假冒。彊宗豪族，肆其侵淩，遠認魏晉之家，近因親舊之驗，年載稍久，鄉老所惑，羣證雖多，莫可取據。各附親知，互有長短。兩證徒具，聽者猶疑。爭訟遷延，連紀不判，良疇委而不開，柔桑枯而不採。欲令家豐歲儲，其可得乎。（9）

所以，官府爲使「細人獲資生之利」「虛詐之人，絕於覬覦，守分之士，免於淩奪」，本「分藝有准，力業相稱」的原則，頒佈了均田制度：

諸男夫十五以上，受露田四十畝，婦人二十畝，奴婢依良丁。牛一頭，受田四十畝，限四牛。所授之田，率倍之。三易之田，再倍之。以供耕休，及還受之盈縮。人年及課，則受田，老免及身則還田。奴婢牛隨有無以還受。

諸初受田者，男夫一人給田二十畝課蒔餘種桑五十樹，棗五株，榆三根。非桑之土，夫給一畝，依法課蒔餘果及多種桑榆者不禁。諸應還之田，不得種桑，榆，棗，果，種者以違令論，地入還分。諸桑田，皆爲代業，身終不還，恆從見口，有盈者無受無還，不足者受種如法，盈者得賣其盈，不足者得買所不足，不得賣其分，亦不得買過所足。

諸土廣人稀之處，隨力所及，官借種蒔，後有來者，依法封受。(10)

但是，命令畢竟是命令，貧民得到的，仍是一點「餕餘。」

景明以來，北蕃連年災旱，高原陸野，不任營殖，唯有水田，少可菑畝，然主將參僚，專擅腴美，瘠土荒疇，分給百姓。(11)

加以戰爭的影響，官吏的貪污，仍是民不聊生：

自比年以來，兵革屢動，荊揚二州，屯戍不息；鐘離，義陽，師旅相繼，兼荊蠻凶狡，王師薄伐，暴露原野，經秋淹夏，汝潁之地，率戶從戎。河、冀之境，連丁運輸，又戰不必勝，加以敗退，死喪離曠，十室九空。細役煩徭，日月滋甚，苛兵酷吏，因逞威福。至使通原遙畛，田蕪罕耘，連村接閈，蠶飢莫食。而監司

因公以貪求，豪彊恃私而逼掠，遂令鬻褐以益千金之資，制口腹而充一時之急。(12)

貴族的大田產在均田制度中並沒有積極的否認牠們的存在，反因奴婢，牛之受田等等，得到法令上的確認。在號稱實行均田制度的時期，大田產，仍然繼續的發展，田奴織婢(13)的無償勞動，造成了貴族們的財富。更加國內國外商業的發達，財富的流通，使土地，必然的要參加賣買過程，貴族的大田產，固然時刻在更換主人，(14)卽均田制度想穩定，維持的小農田產，也不能免除了賣買行爲的侵襲。逃戶，流亡的情形，仍然不能免去。國家的收入，與軍費之支出，似乎也只有仰給於田兵，卽國家的佃戶：

（太和十二年）又別立農官，取州郡戶十分之一，以爲屯民，相水陸之宜，斷頃畝之數，以贓贖雜物，市牛，課令其肆力。一夫之田，歲責六十斛，甄其正課，並征戍雜役……自此公私豐贍，雖時有水旱不爲災矣。(15)

（太和時）發河北數州田兵二萬五千人，通緣淮戍兵合五萬人，廣開屯田八座，奏紹爲西道六州營田大使。(16)

在另一方面，漢末以來，佛教卽輸入中國，魏晉之世，稍稍轉盛。五胡亂華時，佛寺，成爲人民的避難所。爲僧尼，爲寺院之奴婢與佃客，是人們逃死的一條路，寺院，也因人們的捨財，而攫取去大量的土地。到北魏時代因帝王貴族之信仰僧徒之請求，寺院，又自貴族，國家手中，得到大批的土地。人民能輸粟六十斛與寺院的，可成爲僧祇戶(17)，得免一切雜徭。應死的囚徒，也赦放賜與寺院爲佛圖戶，來營田輸粟。(18)人民之逃避賦役而出家爲僧，投寺爲佃客的，更所在多有。寺院財產，與寺院屬下的戶口的增加，引起了皇帝的恐懼。在財政上減少了國家的收入。於是佛寺與國家爭人口土地的鬬爭，由是而起，先之以北魏太武帝，繼之以周武帝的滅佛。不過，皇帝的鬬爭，是間斷的，效果也是暫時的。寺院的財產，仍然繼續發展。寺院田園，國家屯田與公田，(19)及貴族田園，共同的發展了佃作制度。

魏分東西，繼之周齊，屯田，仍是國家收入的重要源泉。均田制度，大體上，也沒有許多變化，只是齊的政治紊亂，特別的鼓勵大田產之造成：

其時強弱相淩，恃勢侵奪，富有連畛亙陌，貧無立錐之地……雖有當年權格，時蹔施行，爭地文案，至有三十年未了者，此由授受無法者也。其賜田者，謂公田及諸橫賜之田。魏令，職分田不問貴賤，一人一頃，以供芻秣。自宣武出獵以來，始以永賜，得聽買賣。遷鄴之始，濫職重多，所得公田，悉從貨易。又天保之代，曾遙壓首人田，以充公簿，比武平以後，橫賜諸貴及外戚佞寵之家，亦以盡矣，又河渚山澤，有司耕墾，肥饒之處，悉是豪勢，或借或請，編戶之人不得一壟。糾賞者，依令口分之外，知有買匿，聽相糾列，還以此地賞之。至有貧人實非膽長買匿者，苟貪錢貨，詐吐壯丁口分，以與糾人。亦既無田，即使逃走。帖賣者，帖荒田七年，熟田五年，錢還地還，依令聽許。露田雖復不聽賣買，賣買亦無重責。貧戶因王課不濟，率多貨賣田業，至春困急，輕致藏走。亦懶惰之人，雖存田地，不肯肆力，在外浮遊，三正賣其口田，以供租課，比來頻有還人之格，欲以招慰逃散，假使暫還，即賣所得之地，地盡還走。雖有還名，終不肯住。正由縣聽其賣帖田園故也。廣占者，依令，奴婢請田，亦與良人相似，以無田之良口比有地之奴牛。宋世良天保中獻書，請以富家牛地，先給貧人，其時朝列稱其合理。(20)

周旋滅齊，隋又篡周。均田制度，略與北魏相似。豪族之莊田，亦如北齊之盛。政權既形鞏固，因思削弱豪族。繼續北魏之立三長政策，建輸籍之法，使在豪強蔭庇下的佃客，輸賦於國家。

其時承西魏喪周齊分據，暴君慢吏，賦重役勤，人不堪命，多依豪室。禁網隳紊，姦僞尤滋，高熲覩流冗之病，建輸籍之法，於是定其名，輕其數，使人知爲浮客，被彊家收大半之賦，爲編甿，奉公上，蒙輕減之征。先敷其信，後行其令，烝庶懷惠，姦無所容。隋氏資儲，遍於天下，人俗康阜，熲之力焉。(21)

煬帝的開邊政策，與土木之興，改變了國內的局面。

登極之初，卽建洛邑，每月役丁二百萬人。導洛至河及淮，又引沁水達河北，通涿郡，築長城東西千餘里，皆徵百萬人。丁男不充，以婦人兼役，而死者大半。及親征吐谷渾，駐軍青海，遇雨雪，士卒死者十二三。又三駕東征遼澤，皆興百萬衆，饋運者倍之。又逆徵數年之賦，窮侈極奢，舉天下之人，十分九爲盜賊。(22)

逃亡的農民，聚爲盜賊，在各地作零星的劫殺，擄掠。受壓迫的貴族也趁勢而起，領導着各地的流浪農民，爭奪倉廒。混戰之局，又復形成。戰爭的禍害，與民衆的流盪，使許多新經開墾的土地又趨於荒廢。唐平天下又以均田方法處理了這些荒地。不過自三國以至南北朝間，江淮之間的戰場屯田區域，到唐之全盛時代仍未能完全開發。同時隋末以來的草賊，終唐之世，未能息止，反因逃戶的補充，時時擴大。

(1)晉書傅玄傳，「自頃以來，日增田畝之課，而田兵日甚，功不能修理，至畝數斛已還，或不足償種，」雖是頒佈占田課田令以前的情形，亦可參證。

(2)晉書王恂傳「太原諸部亦以匈奴胡人為田客，多者數千」。

(3)晉書，石勒載記，石勒曾為人佃客，為人田奴。

(4)宋書五四，孔季恭傳。

(5)梁書，武帝本紀大同七年詔。

(6)魏書，四八，高允傳。

(7)魏書，四世祖紀下，正平二年，通典卷一。

(8)魏書，七高祖紀，通典卷一。

(9)魏書，五三，李安世傳，通典卷一。

(10)魏書，一一〇，食貨志，通典卷一，魏田令之摘引文。

(11)魏書，四一，賀懷謙傳，景明距太和九年，僅十五六年。

(12)前書四七，盧昶傳。時爲世宗時代。

(13)前書，六五，邢巒傳，「俗諺云：耕則問田奴，絹則問織婢。」

(14)魏書，七一，夏侯道遷傳「長子夬……父時田園貨賣略盡，人間債負，猶數千匹。」

(15)魏書一一〇，食貨志。

(16)前書，七九，范紹傳。

(17)(18)魏書釋老志僧祇戶輸粟的數量，與田兵恰相等。

(19)魏書，食貨志「孝昌二年終，稅京師田租畝五升，借賃公田者畝一斗。」

(20)通典卷二引宋孝王關東風俗傳。

(21)通典，七，中丁。

(22)前書，七，歷代盛衰戶口。

第二章　田制與農業（上）

一　國有土地與均田制度

1. 均田制度的先決條件　宋代曾編過資治通鑑魏晉南北朝部份的劉恕說：「後魏均田制度，似今世佃官田及絕戶田出租稅，非如三代井田也。魏齊周隋，兵革不息，農民少而曠土多，故均田之制存。至唐承平日久，丁口滋衆，官無閑田，不復給授，故田制爲空文。」〔1〕這話有一半是確實的。宋代的佃官田戶絕田，確是唐代均田制度轉變後的必然結果。唐初的均田，又確與宋代佃官田戶絕田不同。不過，均田制度與佃官田戶絕田之能够實行，則確應有相同的先決條件，即政府必須保有大量的土地。

唐初的農民少，曠土多的情形，暫且不說。只把經過百餘年的努力，到開元天寶，稱爲倉庫盈溢

(2)的時代，各地的情況，說明一下，或者，對於初唐的情形，更加明瞭一些。

江淮以南，是唐代的「財賦之地」。(3)高宗時代，曾將高麗俘虜七十萬戶，分配在江淮以南，山南，京西。(4)但是玄宗時代，江淮以南，仍是虎暴劇烈之所，「村野百姓，頗廢生業，行路之人，常遭死失。」(5)這個指明這一帶地方，尚未完全開發。

河南，是唐代東都所在地，但虢鄧之間，是遊獵的「山棚」(6)的居處，虢州到唐末，還是一大牧豬地。(7)唐魯許汝諸州，高宗時(8)固是土曠人稀，玄宗時曾徙殘胡(9)五萬於此，不過也仍然是土地肥沃，人口稀少，逃戶之藪，宿寇之窟。(10)晚唐亂後，更加荒涼，到宋初，仍然情形如故，是國家時時想設屯田的地方。(11)

山東，泰山以南，沿海一帶，到長慶會昌年間，尚是一熱帶草原，(12)森林極大，是當時的一大木炭出產地。(13)這種情形，絕不是短期間能造成的，至少唐初就是這樣。

開元間天下有剩田的州郡，尚不下三四十州。(14)

唐初土地的荒廢，想必更甚一些，「田不在官，亦不在民，」(15)自然是一部份土地的命運，不過，官府勢力能支配的荒田曠土，數量上當然更多。爲鼓勵耕墾，以丁定租庸調，來強迫務農，以口分永業，來安置，引誘農民，以借佃不耕奪佃與人之法來威嚇，都是必需的。北魏的均田制度，是環境造成的，北齊周隋唐初，環境相同，方法自亦不能多所更張。只是隋之輸籍，引起豪族之不滿，而隋以亡，唐之成功，豪族的擁護頗有一部份力量。爲酬庸，爲避免隋之錯誤，自然不敢得罪豪族。故唐初定制，豪族應得的田地比較的多一點，同時，借荒，置牧，也是貴族攫取耕地的另一名稱，他們的部曲客女，也不像前代一樣，須輸賦稅，(16)

2. 均田制度　據武德七年田令：

凡天下丁男給田一頃，篤疾廢疾給四十畝，寡妻妾三十畝，若爲戶者，加二十畝。所授之田，十分之二爲世業，餘以爲口分。世業之田，身死則爲戶者授之，口分則收入官，更以給人。(17)

到了開元初年，田令更加詳細，除了上文規定以外，又規定：

凡道士給田三十畝，女冠二十畝，僧尼亦如之。凡官戶受田減百姓口分之半。凡天下百姓給園宅地者，良口三人已上給一畝，賤口五人給一畝，五口加一畝。其口分永業不與焉。若京城及州縣郭下園宅不在此例。凡給口分田，皆從近便。居城之人，本縣無田者，則隔縣給受。凡應收授之田，皆起十月，畢十二月。凡授田，先課後不課，先貧後富，先無後少。凡州縣界內所部受田悉足者爲寬鄉，不足者爲狹鄉。(18)

同時鼓勵耕墾的令文，包佃轉批制度也出現了。

令其借而不耕，經二年者，任有力者借之。即不自加功，轉分與人者，其地即迴借見佃之人。若佃人雖經熟訖，三年之外，不能種耕，依式追收，改給也。(19)

田令，日益週密。到開元二十五年，爲免除因州縣改置而引起的田地收授的爭訟，規定：

若因州縣改置，隸地已入他境，及犬牙相接者，聽依舊受。(20)

爲優卹對外戰爭因王事沒蕃戰死，及戰傷的征人，規定：

諸因王事沒落外蕃不還，有親屬同居，其身分之地，六年乃追。身還之日，隨便先給。即身死王事者，其子孫雖未成丁，身分地勿追。其因戰傷及篤疾殘疾者，亦不追減，聽終其身也。(21)

工商業者的財富漸漸的造成，抑浮惰之業的精神於以出現：

諸以工商爲業者，永業口分田各減半給之在狹鄉者並不給。(22)

在均田制度中，國有土地，不只是給與一般百姓，官戶，雜戶，太常音聲人。(23)官吏，貴族，也有權利。他們應得的部份，除口分田以外，永業田，是按官爵及勳資來計算的，他們的永業田，得傳之子孫：

凡官人受永業田：親王，一百頃。職事官正一品，六十頃。郡王及職事官從一品，五十頃，國公若職事官二品，四十頃。郡公若職事官從二品，三十五頃。縣公若職事官正三品，二十五頃。職事官從三品，二十頃。侯若職事官正四品，十四頃。伯若職事官從四品，十一頃。子若職事官正五品，八頃。男若職事官從五品，五頃。上柱國三十頃。柱國二十五頃。上護軍二十頃。護軍十五頃。上輕車都尉一十頃。輕車都尉七頃。上騎都尉六頃。騎都尉四頃。驍騎尉飛騎尉，各八十畝。雲騎尉，武騎尉各六十畝。其散官五品以上同職事給。(24)

官吏，貴族永業田之請授，及傳襲，規定如下：

其地並於寬鄉請授，亦任隔越請射蒞帥，皆得傳之子孫，不在此授之限。若未請受而身亡者，子孫不合追請。若襲爵者，祖父未請地，其子孫減初受封者之半。(25)

還是開元初年的制度，開元以前的制度，不甚明瞭。(26) 到開元二十五年，規定得更詳細，不過，已指明官吏得假借「永業田」的名義任便請射，並得購買蔭賜田充數，只要不對於國家可授與百姓的田地有損失，法令是不禁止的。

兼有官爵及勳，俱應給者，唯從多，不並給。若當家口分之外，先有地非狹鄉者，並即迴受，有賸追收，不足者更給，……五品以上永業田，皆不得狹鄉受，任於寬鄉請射無主荒地充。即買蔭賜田充者，雖狹鄉亦聽。其六品以下永業，即聽本鄉取還公田充，願於寬鄉取者聽。(27)

唐代的官吏，至武則天以後，即呈顯出一種極端猥濫的狀態。裹行，斜封，員外諸官，多於過江之鯽，樂人工匠，捉錢令史，五坊小兒，帶勳職者，不一而足。則他們領取去的永業田，自必不少。雖六品以下，永業田頃畝數不明瞭，不過六品以下官員之多，當然能使永業田的數量極端龐大。

官吏在永業田以外，尚得受職分田，武德元年制度如下：

內外官，各給職分田京官一品十二頃，二品十頃，三品九頃，四品七頃，五品六頃，六品四頃，七品三頃五十畝，八品二頃五十畝，九品二頃。雍州及外州官二品十二頃，三品十頃，四品八頃，五品

八頃，六品五頃，七品四頃，八品三頃，九品二頃五十畝。(28)

職分田，在唐代時常改變牠的規定。有時不給官吏，散與貧逃百姓，有時又給官吏。或則京官職田，派在畿甸以外。安史亂後，職田仍然存在。有時，減職田田租之半供軍。長慶以後，職田田畝多被豪強佔奪，官府抑令百姓佃食蒿荒。因是職田田租粟草多均配於兩稅田畝上。(29)

官吏得以支配的，還有公廨田，公廨田的分配，開元以前，不甚明瞭。開元初年外官的公廨田頃畝如下：

凡天下諸州公廨田，大都督府四十頃。中都督府三十五頃。下都督，都護府上州各三十頃，中州二十頃。宮總監，下州各十五頃。上縣十頃，中縣八頃。下縣六頃。上牧監，上鎭各五頃。下縣及中牧、下牧、司竹、中鎭、諸軍折衝府各四頃，諸冶監，諸倉監，下鎭，上關各三頃。互市監，諸屯監，上戍，中關及津各二頃（其津隸都水則不別給），下關一頃五十畝，中戍下戍嶽瀆各一頃。(30)

在京諸司的公廨田如下分配：

凡京諸司各有公廨田，司農寺（給廿六頃），殿中省（二十五頃），少府監（二十二頃），太常寺（二十頃），京兆府，河南府各十七頃太府寺十六頃吏部，戶部各十五頃兵部，內侍省各十四頃中書省，將作監各十三頃刑部，大理寺各十二頃尚書都省，門下省，太子左春坊各十一頃工部十頃光祿寺，太僕寺，秘書監各九頃禮部，鴻臚寺，都水監，太子詹事府各八頃御史臺，國子監，京縣各七頃左右衛，太子家令寺各六頃衛尉寺，左右驍衛，左右武衛，左右威衛，左右領軍衛，左右金吾衛，左右監門衛，太子左右春坊各五頃太子左右衛率府，太史局各四頃宗正寺，左右千牛衛，太子僕寺，左右司禦率府，左右淸道率府，左右監門率府各三頃內坊，左右內率府，率更府各二頃（31）

公廨田與職分田，據杜佑說：「亦借民佃耕，至秋冬受數而已。」（32）租額，與民間的私租額相差不多，開元十九年定制職田租價無過六斗，地不毛者二斗，（33）到長慶時代職田田租，仍在三斗上下。（34）佃耕這兩種田地其他官田亦略同的佃民在租粟以外，例須出錢雇車，送納租粟，或自送，與一班佃民送租與地主相同。

3. 均田制度之破壞與國有土地之喪失與重建　均田制度，要能長久的實行，必須國家始終保有大量的土地，隨時利用從未開發的荒田，並且收授的規定也須始終能遵守着：

但是唐代，缺少這三種條件：

第一，唐代立國以後，初限於對外開拓，旋陷於王位的爭奪中葉而後，內亂迭起，對於各地的天荒，不甚利用，以使國有的可耕地增加。反在借荒置牧的名義下，被官吏貴族攫奪去。田令中，雖有遷寬鄉的規定，不過，政府爲顧慮稅收，軍隊之補充，除對於邊疆地帶，鼓勵移民以外，是不甚容許遷徙的。(35)官府無暇顧及的肥沃荒地，而由人民私自來開墾，不遵田令的事，(36)自初唐起便很流行。

第二，耕地面積不能增加，則在定額的耕地內，求其應付，只有改變田令的規定，或不授田與農民。

竊見彭澤地狹，山峻無田，百姓所營之田，一戶不過十畝，五畝。準例常年縱得全數，納官之外，半載無糧。(37)

(開元二十九年)三月，勅京畿地狹，人戶殷繁，計丁給田，猶且不足。(38)

由現在的戶籍簿看去，似乎沒有完全按照田令的規定來授田的。(39)有時，以國家力量開墾的田地，也還賜百姓爲永業，自己放棄了授收的法令：

頃者櫟陽等縣，地多鹹鹵，人力不及，便至荒廢。近者開決，皆生稻苗……並宜散給貧丁及逃還百姓，以爲永業。(40)

收授之令，卽使實行，因重要任務，都在里正身上，(41) 而里正又往往限定勳官六品以下白丁，淸平強幹者，無人處則以未成年的，或殘疾的人們任之，(42) 效率恐亦甚小。官吏絕不會十分注意戶籍與田籍，及瑣碎的收授田畝等事。(43)

第三，國有的土地，只有逐漸的減少。先說一般百姓所受的永業口分田。永業田田令中規定下身死由承戶者受之，自然成爲私田。口分田，在田令中，雖有收授的規定，但由法令中允許牠參加的商業行爲上看去，也近於私田。法令上規定：

諸田不得貼賃及質，違者財沒不追，地還本主。若從遠役外任，無人守業者，聽貼賃及質。

諸庶人有身死家貧無以供葬者，聽賣永業田。卽流移者亦如之。樂遷寬鄉者並聽賣口分。（賣充住宅邸店碾磑者，雖非樂遷，亦聽私賣。）諸買地者，不得過本制，雖居狹鄉，亦聽依寬制。其賣地者，不得更請。凡買賣皆須經所部官司申牒，年終彼此除附。若無文牒輒賣買，財沒不追，地還本主。(44)

事實上，法令的限制，是無用的。口分永業等田，在民間，大概都當作私田，供納課役不辦，因而帖田，(45)戶口已逃，鄰保因將田產破除，以供租賦的事，(46)在唐初便很流行。官府的限制，只是要求賣買時的申牒，牠並不妨害口分永業的賣買。何況，賣買的雙方，或改籍書，或云典貼，蒙混的申報，(47)必然的能得到官府的承認呢。實際上，官府本身也把永業口分，當作人民的私田。(48)賣與王公百官的口分永業田，假定是合賣的，即在富於限田精神的天寶時代，也規定「若無主理論，不須收奪」以便「地悉無遺」。(49)承認名義上屬於國家的口分永業田，可以這樣，便變成私田。

由上述各點，可以說，即須收授的口分田，實際上，也成了人民的私田，官府，只是保留了名義上的所有權。到了相當時機，官府自然也毅然的捨棄了這種虛名的所有權。這時候，口分，永業等名目，就變成了戶籍簿中陳報地畝的分類項目，(50)並沒有官田收授的實在意義。

給與官人，貴族，寺院的永業田，由於法令許傳之子孫，不禁賣買及貼賃，(51)自始，即由官田，變爲私田。立國日久，官吏益多，賜爵賜勳，層出不已，官田的數量，也反比例的減少下去。官吏藉恃自己的權勢，借荒，置牧，占奪，(52)包佃轉批等等，更是使國家能授與百姓的田地減少的一種主因。

職田，公廨田，屯田等等，自始便是國家以私地主資格保留下出租出佃的土地。在開始的君王時代，也曾盡量的犧牲自己，將這類土地無報償的散與貧民，或給百姓爲永業。不過大部份因這類田地的收入，是供給特種支出的，始終保持着「私田」的特質，不然也不能散給貧人，即使散給貧人，也必然的由他處尋求抵償。

由以上的種種原因，使國家能授與百姓的官田日日減少。荒閑的土地，既不能利用，則均田制度，必然要成爲空空的令文。檢括籍外剩田，(53)只能短時間的補救一下，不能根本的挽救均田制度。並且這樣檢括也多少侵犯了當時的地主的利益。官吏們並不認爲這是正當的辦法：

疆畛相接，半爲豪家，流庸無依，率是編戶，本於交易，焉得奪富以補貧。(54)

上面的話，雖是安史亂後官吏們對當時情形的認識，不過有證據可證明安史亂前，人們也是這樣。所以，天寶時代一方面禁止買賣口分永業，但另一方面，對於已賣的口分永業，也只有本交易的原則，「官爲出錢，還其買人，」不能強制的沒收。(55)

國家手中的土地因大量的變成私田使官府無法實行浪費的均田。在另一方面，官府手中依然保存下的田地，不取屯田的形式，則以地主的資格，按私租額，向外租佃，如職田及公廨田。私租額的引誘，使官府，也不願實行均田。國家以政治力量新得到的戶絕逃田，籍沒田等等，隨時補充了因均田而喪失了的土地，擴大了官府以地主資格出租的田畝的數量。

官府搜括田宅，按私租例出租的較早記錄，當爲睿宗時代：

其逃人田宅，不得輒容賣買，其地任依鄉原例租納州縣倉，不得令租地人代出租課。寺觀廣占田地及水碾磑，侵損百姓，宜令本州長官檢括，依令式以外，及官人百姓將莊田宅舍布施者，在京令司農卽收，外州給貧下課戶。(56)

天寶時，檢責王公百官占奪的牧地內之熟田，除給浮逃戶外，大部份，是「官收租佃」。此外，各朝籍沒的莊田，在經營上，當然亦仍舊例。官田的性質，逐漸改變，終於均給百姓的精神完全喪失。官府以私地主資格出租田地的精神，日以濃厚。官田，這時候，也成了另一種東西，官莊，皇帝本身也受了大地主的莊田的引誘，創立起莊田。均田成爲短時間的慈善行爲，而沒有「制度」的意義。

安史亂後，國家盡力的搜求莊田：

其近日隔絕人莊宅，宜即括責，一切官收。(57)

逃戶的田莊，也官爲保管租賃與人，收取租課：

其逃戶有田宅邸店，堪充課稅者，宜令所由即爲租賃，不得因茲妄有欺隱，主到卻令分付(58)

逃戶，多數固未必復歸，即使復歸，也未必能討回耕地。

諸畿縣置屯田，佃百姓荒地，主令復業，請自耕種，屯司不與，縣司執申，若不還地，人即卻逃(59)

因兵災而荒廢的土地，監收廢地，(60)與官府經營不了的逃戶田地，或則給人爲永業，或則限定租佃五年三年後，給公驗爲永業。(61)另一方面則大規模的擴充屯田，(62)營田。這樣，官府手中的田地，性質雖然已變爲國家的私田，但仍然是在一方面作浪費的消耗，一方面繼續的積集。積集起來的田地與租額，到宋代便成了省莊御莊，天荒等田的租佃與公田之賦，消耗田地的形式，到宋代，便成了請射，請買戶絕逃田等等。

4. 屯田，營田，軍田　這幾種田地，是國有土地中的依私經濟形式來經營的田地。屯田，營田，除在邊疆及軍鎮附近，用兵耕種以外，內地的，多半利用人民的徭役勞動來耕種，所以開元十年廢職田後，議設屯田，李紘說：

> 若置屯田，即須……徵發丁夫，徵役則業廢於家，免庸則賦闕於國。(63)

屯田，大概在畿輔以內的，隸於司農寺，在諸州軍鎮的，則隸當地屯田設官經營制度如下：

> 大唐開元廿五年令：諸屯隸司農寺者，每三十頃以下，二十頃以上為一屯。隸州鎮諸軍者，每五十頃為一屯，應置者，皆從尚書省處分。其舊屯重置者，一依承前封疆為定。新置者並取荒閑無籍廣占之地，其屯雖料五十頃，易田之處，各依鄉原例量事加數。其屯官取勳官五品以上，及武散官，並前資邊州縣府鎮戍八品以上文武官內簡堪者充。據所收斛斗等級為功優，諸屯田應用牛之處，山原川澤，土有硬軟，至於耕墾，用力不同。土軟處每一頃五十畝，配牛一頭。硬處一頃二十畝，配牛一頭，即當屯之內，有硬有軟，亦準此法。其稻田，每八十畝配牛一頭。(64)

內地的屯田收穫量往往不及不用民衆的徭役，而取民庸絹的數量，爲財政的收入，官府有時毅然的改變屯田的經營：

開元二十五年夏四月庚戌詔曰：陳許豫章等四州，本開稻田，將利百姓。度其收穫，甚役功庸。何如分地均耕，令人自種。先所置屯田，宜并定其地，量給逃還及貧下百姓(65)

安史亂後人民流離，田士荒蕪，國家收入銳減。而諸道兵卒有加無已，屯田營田亦大興。昔日之牧地，亦多借人耕墾，屯營。不過這時候的屯田，與安史亂前，約略有些不同。亂前的屯田，是利用徭役勞動，現在是招募田卒，田卒得支衣糧，錢物。

建中元年四月宰相楊炎，不習邊事。請於豐州置屯田，發關輔民開陵陽渠，人頗苦之，京兆尹嚴郢……奏曰……二千餘里發人出屯，一歲方替……每歲人須給錢六百三十，米七斛二斗，私出貿費數又倍之。(66)

天下應荒閒田有肥沃，堪置屯田處，委當管官審檢行情愿者，使之營田。(67)

宣武軍先置營田，別加田卒，至是勅罷其卒。計所停糧五千七百餘斛。節度使奏請于營田頃

畝之內加稅小麥三萬九千餘斛。給其糧而留其卒，詔從之。(68)

屯田營田有些已不是經濟的經營，而是浪費的設施：

初（楚）州有營田，宰相遙領使，而刺史得專達。俸及他給百餘萬，田官數百，歲以優得遷。別戶三千，備刺史役使，珏至，悉條罷之。(69)

不過屯田的收入也有些很可觀的，例如：

廣德初，乃命……擇封內閑田荒壤，人所不耕者，爲之屯。……浙西有三屯，嘉禾爲大。……嘉禾土田二十七屯，廣輪曲折千有餘里。……收入若干斛數，與浙西六州租稅埒。(70)

嘉禾的屯田，初設時，「邑人懼其暴，屯人懼其擾」，結果是各不相妨，成績收入皆足稱道，其管理的系統如下：

都知——吏胥——田官——徒夫。

屯田營田，在中唐以後，隸屬諸軍的，也稱爲軍田，(71)軍田一部份是按照屯營方式來經營的，一部份，則因土地零碎，蕎荒磽薄，不能佃用，或抑令州縣代之按畝出粟。(72)另一種軍田，性質上，與前二種都不相同，因中唐以後，軍籍猥濫，有土地的人們，多投身軍籍只納貲課，(73)而不在營，或則軍隊任意的隱占民戶田畝，不使他們對政府繳納租稅，這類人的田地也稱爲軍田，大概關輔以內，或重要軍事地點，這類田地特別多。

入扶風……至鄠，鄠多美田，不爲中貴人所幷，則籍東西軍，居民百一係縣……至臨溪驛，驛扼谷口，夾道居民，皆籍東西軍。(74)

今京兆二十四縣，半爲東西軍所奪。然亦不過籍占編民，翼蔽墾田，其辭獄曲直，尚歸京兆。今汴軍所侵州縣，反愈東西軍。(75)

(1)玉海，一七六。

(2)通典，卷二。

(3)舊唐書，十四，元和二年。

(4)通典卷七，冊府元龜四八六（惟後書「江淮以南」下有「北」字）高麗俘虜「六十九萬七千二百。」配江淮以南，山南京西。舊唐書五，總章二年云：「五月庚子移高麗戶二萬八千二百，車一千八十乘，牛三千三百頭，馬二千九百疋，駝六十頭，將入內地萊營二州，般次發遣，量配於江淮以南及山南，并涼以西諸州空閑處安置。」唐會要九十五，戶數同唐書，惟年作元年。此從通典。

(5)全唐文，二七，命李全確往淮南授捕虎法詔：「如聞江淮南諸州，大蟲殺人。村野百姓，頗廢生業，行路之人，常遭死失，宣州秋浦，……遮捕略盡……緣官道兩旁，去道各十步，草木常令芟伐，使行人往來，得以防備。」並參閱太平廣記，四二七，謚虎，宣州兒，四三〇，李奴，四三一，王太，四三七，張俊，四二六，傅黃中，四三三，食虎。

(6)唐會要六七，留守「東城（都）西南聯虢鄧，山谷曠遠，多麋鹿野獸，人習射獵，不務耕稼。春夏以其族黨，遷徙無常。俗呼爲山棚」並參閱舊唐書十五，元和十年，八月丁未「賊突圍而出，(洛陽)入嵩岳，山棚盡擒之，訊其首，僧圓淨主謀也」。

(7)國史補上「虢州有官猪數千」。

(8)通典，卷七「顯慶二年十月上幸許汝州，問中書令杜正倫曰，此間田地極寬，百姓太少」。

(9)舊唐書，八，開元十年九月，「詔移河曲六州殘胡五萬餘口於許汝唐鄧仙豫等州，始空河南朔方千里之地」。

(10)唐會要，七〇，州縣廢置上，仙州(開元)十一年，……欲廢，……崔沔議曰，仙州……土地肥沃，戶口稀疏，逃亡所歸，頗成淵藪，舊多劫盜，兼有宿寇……二十六年……廢。……大曆三年……復置，五年復廢。」

(11)續通鑑長編，三七，至道元年正月。

(12)入唐巡禮求法行記，四，七六頁「從海州到登州以來……入野行，即樹稠草深，微徑難尋。見草之動，方知有人也。蚊蚋如雨，打力不及。草下淤泥，至膝至腰。路次州縣，但似野中之一堆矣」。

(13)前書卷一，一二七頁，卷四，九七頁，均有新羅船由密州載炭往楚州的紀事。

(14)唐會要，八五，逃戶，册府元龜，四九五，開元十八年裴耀卿疏。通典，卷七，全唐文，三〇三，均作宇文融疏。

(15)文獻通考二，葉水心論三國時土地狀況之語。

(16)通典七，中丁，開元廿五年令，不課口中有部曲客女。

(17)唐會要，八三，租稅上，通典二，開元廿五年令，有口分田，「易田則倍給。（寬鄉三易以上者，仍依鄉原法易給）」這指明唐代在寬鄉還是實行田土的輪種，而不是穀物的輪種。

(18)唐六典，卷三。

(19)唐令拾遺，六四一頁，並參閱唐律疏義，二十七，得宿藏物問答。

(20)(21)(22)通典，卷二。

(23)唐律疏義，十七，「雜戶及太常音樂人，各附縣貫，受田進丁，老免進丁，與百姓同」。

(24)(25)唐六典，卷三。

(26)金石萃編，七四，少林寺莊田碑，似可指明武德貞觀間，因功賜田，亦有定制。

(27)通典，卷二。

(28)(29)唐會要，九二，內外官職田，並參閱元氏長慶集，三八，同州奏均田。

(30)唐六典，卷三，通典，三十五，職田，公廨田。

(31)通典，三十五。職田，公廨田。

(32)同前。

(33)唐會要九二，內外官職田。

(34)前引同州奏均田。

(35)唐會要八四，移戶。

(36)註十及全唐文二一一，陳子昂上蜀川安危事三條。

(37)全唐文一六九，狄仁傑乞免民租疏。

(38)唐會要九二，內外官職田。

(39)參閱觀堂集林廿一，（大曆四年）唐寫本敦煌縣戶籍跋，及食貨半月刊第五期唐宋之家族同產及遺囑法文中開元四年戶籍並參閱敦煌掇瑣中輯中之許多沒有年代的戶籍簿（大概是安史亂前後的）。

(40)唐大詔令七三，開元廿六年正月親祀東郊德音。

(41)唐律疏議，十三，里正授田課農桑。

(42)通典，卷三。

(43)參閱唐會要八十五，逃戶，皇甫憬對檢括客戶，籍外剩的批評。

(44)通典，卷二。

(45)唐會要四九，像，大足元年，李嶠疏。

(46)唐大詔令，一一〇，唐隆元年誡勵風俗勅，一一一，開元十二年，置勸農使安撫戶口詔。唐會要，八五，逃戶，天寶十四載八月制。

(47)册府元龜，四九五，天寶十一載，禁官奪百姓口分永業詔。

(48)全唐文，三百，李元紘駁職田議「今百官所退職田，散在諸縣，不可聚也。百姓所有私田，皆力自耕墾，不可取也。若置屯田，卽須公私相換。」並參閱唐會要，三〇，玉華宮，八五，裴耀卿語，及唐律疏議十三，盜耕種公私田，妄認盜賣公私田，在官侵奪私田諸條。

(49)同註四七。

(50)同註三九。

(51)通典卷二。

(52)張鷟龍筋鳳髓判上，苑總監條「奏新安穀水社，舊是苑內地，近被百姓吞將作數，請收入苑，百姓不服」。

(53)唐會要八五，逃戶，開元九年條，舊唐書，五八，長孫順德傳，百，盧從愿傳，一八五，賈敦頤傳。

(54)皇甫湜文集三，制策，參閱唐會要八五，逃戶，皇甫憬楊瑒疏，後者「以爲括客不利居民，徵籍外田稅，使百姓困敝」。

(55)同註四七。

(56)唐大詔令一一〇，誡勵風俗敕。

(57)全唐文，四二，肅宗，御丹鳳樓大赦制。

(58)前書，同卷，推恩訴澤詔，參閱唐會要八五，逃戶，乾元三年，會昌元年，大中二年，咸通十一年諸條，末條云「諸道州府百姓承佃逃亡田地，如已經五年，須准承前敕文便爲佃主，」便是佃租權確定的年限之制，並參閱太平廣記，三一章全素條。

(59)全唐文，四〇八，賀蘭廣對屯田佃百姓荒田判。

(60)唐會要六五，閑廐使。參閱唐會要八七，劉晏與元載書，「東都殘破，百無一存。若米運流通，則饑民皆附村落邑廛……函陝凋殘，東周尤甚。過宜陽熊耳至武牢成皐五百里中，編戶千餘而已，人煙蕭條，獸游鬼哭，東垣底柱澠池二陵，北河運處，戍卒久絕，奪攘奸宄窟穴囊橐，夾河爲藪，豺狼猖猖」。

(61)前書，八五，廣德二年，大曆元年，長慶元年，大中二年諸條，並元氏長慶集三八，同州奏均田「便請將此(職田)一切給百姓，任爲永業。」

(62)唐會要，八七，寶應二年劉晏與元載書。「東自淮陰，西臨蒲坂，亘三千里，屯戍相望」。

(63)全唐文，三百，廢職田議。

(64)通典卷二，並參閱唐會要，八五，通典七，裴耀卿(或宇文融)的營田計劃，關於唐代屯田數目及所在地，與收入，中國田制史一九五頁第十四表，頗簡核。

(65)册府元龜，五〇三，參閱新唐書食貨志「憲宗末天下營田皆雇民或借庸以耕，又以瘠地易上地，民間苦之，穆宗即位詔還所易地，而耕以官兵」。

(66)唐會要，八九。

(67)唐大詔令，六九，陸贄貞元元年南郊大赦天下制。

(68)同註六六。

(69)新唐書，一四三，薛珏傳。

(70)全唐文，四三〇，李翰，蘇州嘉禾屯田紀績頌。

(71)册府元龜，四八四，興元四年，「于涇州及良原收軍田粟數萬石」。

(72)前引之同州奏均田，左神策軍部陽鎮軍田。

(73)唐會要七二，軍雜錄元和十三年條。

(74)孫樵集四，興元新路記。

(75)前書，二，寓汴州觀察判官書。

第三章　田制與農業(下)

二　莊宅使內莊宅使屬下的莊田

管理政府的官莊的官吏，在唐代稱爲莊宅使，宮使，宮苑使。(1)管理皇帝的私莊的中官，稱爲內莊宅使，內園使，內宮苑使。總括的說，前者，我們以莊宅使爲代表，後者，以內莊宅使爲代表。

這幾種使創設的年代，都無明確的記載。唐人，卽無一定的說法：

李吉甫百司舉要曰：則天分置莊宅使。又曰司農別有園苑莊宅使。……馮肇續事始則云玄宗置。唐會要曰昭宗天祐元年勅亦有莊宅使也。李肇國史補則曰玄宗開元至天寶末置使有莊宅使。(2)

大概李吉甫的話，或者可信。不過我們也沒有證據可證明，據想武后時，籍沒朝臣的莊宅極多，或者有設立莊宅使的必要。

以下，將分開來說。先說莊宅使，宮使，及宮苑使。在說這些使以前，先說明唐代政府中，總管官莊田，官園宅的機關。杜佑通典在工部尙書屯田郎中項下註中說：

掌屯田，官田，諸司公廨，官人職分賜田，及官園宅等事。(3)

虞部郎中註中說：

掌京城街巷種植，山澤苑囿，草木，薪炭，供須田獵等事。(4)

唐六典工部的敍述，沒有這樣詳細。這裏提及的「官田」，「官園宅」顯然不是授與人民的口分永業田及園地。

唐時另一管理官府田莊的機關，是司農寺。司農寺屬下，有苑總監，掌宮苑內館園池之事，及九成宮監，京都苑四面監，溫泉湯監(5)等監。這些苑，也是一種莊園。例如東都禁苑，元和時，就曾營田六百五十頃。(6)這些宮監有時改成使，例如九成宮監，以後卽改成九成宮使。(7)宮使屬下的莊田，最好是以長春宮爲例。長春宮是屬於戶部的宮使，多數由同州刺史(8)兼任。

開元九年十二月十七日勅同，蒲，絳，河東西，並沙苑內，無問新舊注田蒲萑，並宜收入長春宮，仍令長春宮使檢校。(9)

廿九年十一月十七日勅新豐朝邑屯田，令長春宮使檢校。(10)

(寶曆二年)勅戶部所管長春宮莊宅，宜令內莊宅使管係。(11)

由上例可見開元中收集在長春宮使屬下的荒田，山澤屯田，寶曆時，便逕認爲莊宅。不過後一令文，不久卽失效，長春宮仍屬戶部。

在長春九成宮以外，設宮使的有太淸宮。華淸宮(卽溫泉湯監)五代時，改爲靈泉觀。(12)金初記載的觀中莊田；或者在唐時，就屬於華淸宮也未可知。

宮使，苑使以外，管理官莊的，便是莊宅使，這個名詞，較爲普遍一點，可用牠代表宮使，苑使，莊宅使，主要的有兩個。一個是長安的，長安莊宅司所在地，據長安志在來庭坊西北角。(13)一個是東都莊宅使。(14)他們管兩京附近的官莊宅。不在兩京及宮苑附近的莊宅，則由州縣代管：(15)

諸州府，除京兆河南府外，應有官莊・宅・鋪店・碾磑・茶・菜園・鹽畦・車坊等，宜割屬所管官府。(16)

壽州茶園輒縱凌奪(17)

莊宅使一類的官屬下的莊宅，都是向外租賃的。安史亂前，情形不甚明瞭，但由新豐朝邑屯田，亦併入長春宮中可以推知。德宗以後，租賃的情形，及租課名目，可由歷朝赦文中看出。

李實爲司農卿，促責官租。蕭祐居喪，輸不及期，實怒召至，租車亦至，(18)其莊宅使從興元元年，至貞元二十年十月三十日已前，畿內及諸州府莊宅店鋪車坊園磑零地等，所有百姓及諸色人應欠租課，斛㪷見錢，絁絲，草等五十二萬並放免，(19)

長春宮見在斛㪷及絲，草，席等，依前戶部收管，鄠縣，渼陂，鳳翔府駱谷地還府縣。(20)

應租莊宅使司產業莊磑店鋪所欠租斛斗，草及舍課地頭等錢，所由人戶貧窮，無可徵納，年歲既遠，虛係簿書。緣咸通七年赦條不該，令宜從大中三年以後，至大中十四年以前，並宜放免。(21)

官莊的租額，約略如下：

其諸色職田，每畝約稅粟三斗，草三束，脚錢一百二十文……其公廨田，官田，驛田等所稅輕重，

約與職田相似，亦是抑配百姓租佃，(22)

官莊的佃戶，是否有特殊的待遇，不甚明瞭，不過在官店中作生意的人們，有特殊權利，則佃戶也或許有些特權：

應屬官莊宅使司人戶，在店內及店門外經紀求利者，承前，不復隨百姓例者，從今後，並與諸軍諸色一例，準百姓例供應差科。(23)

現在再說內園使內宮苑使內莊宅使。名稱的不同，大概是由於他們所管轄的對象有些差別，性質上，都是一樣的。

內宮苑使，沒有什麼特別的紀述，只是肅宗時，將五坊併入。

自寶應二年後，五坊使入隸內宮苑使。(24)

內園使及內園經營的方式，最早的紀述，是建中元年，不過這種經營形式，至少不是自建中元年開始。

請以內園種稻明之。其秦地膏腴，田稱第一。其內園丁皆京兆人，於當處營田，月一替，其易可見。然每月人給錢八千，糧食在外，內園丁猶僦募不占，奏令府司集事計一丁一歲當錢九百六十，米一斛二㪷。計所僦丁三百，每歲合給錢二萬八千八百貫，米二千一百六十斛，不知歲終收穫幾何？臣計所得，不補所費(25)宰相鄭朗，自中書歸宣平私第，內園使李敬寔衢路衝之。朗具奏上，召敬寔面詰，敬寔奏供奉官例不避。(26)

關於內莊宅使的最早的紀述是大曆十四年，這時候牠已掌管州縣中許多籍沒的莊田：（則天時，與司農莊宅使對立的莊宅使，或卽內莊宅使。）

十四年五月，內莊宅使奏州府沒入之田有租萬四千餘斛，官中主之，甚爲冗費，上令分給所在，以爲軍儲。(27)

內莊宅使屬下的莊宅租課，在種類上也極端複雜：

內莊宅使巡官及人戶等應欠大中十三年以後至咸通八年以前諸色錢物六萬二千三百八十貫三百文，斛十一萬三千七十四石九斗，絲二十二萬七千五百八兩，麻二千四百七十觔，草二十六萬五千八百五十五束。念其累歲不稔……並宜放免。(28)

寶曆時代內莊宅使，曾與戶部爭奪長春宮。(29)開成間，又爭京都苑。(30)大中而後，內莊宅使，稱爲職夥吏繁的職務：

又以上田甲第，職夥吏繁，禁省之中，號爲難理，苟非利刃，寧揔劇權，（大中）八年改內莊宅使，……（咸通）七年復拜內莊宅使。(31)

不過內莊宅使出賣莊田的事也在這時候出現。(32)

這兩種機關，屬下的莊宅，經過五代，到宋代便成了省莊，御莊。在都市中的官府店宅管理機關，五代時稱爲莊宅務，宋代稱爲店宅務，樓店務。

(1)唐會要，七八，五坊宮苑使，開元十九年。

(2)事務紀原六，莊宅條，舊唐書二十上，天祐元年「勅今後除留宣徽兩院，小馬坊，豐德庫，御廚，客省，閤門，飛龍，莊宅九使外，其餘並停」唐會要七九，諸使雜錄下文同。

(3)(4)通典，卷二十三。

(5)唐六典，十九。

(6)册府元龜，五〇三。

(7)容齋隨筆，十一，楊國忠諸使，文獻通考，六十一，戶口使後有引文，參閱唐會要七十八諸使雜錄上，天寶七載楊釗充九成宮使。

(8)(9)(10)唐會要五九工部屯田員外郞後長春宮使。

(11)唐會要三十。舊唐書，十七上，敬宗紀。

(12)金石萃編，一五五，凝眞大師成道記。

(13)長安志卷八並參閱唐會要八六，街巷「貞元四年二月勅京城內莊宅使界諸街坊牆有破壞，宜令取兩稅錢和雇工匠修築，不得率歛民戶」。

(14)舊唐書，十四，憲宗紀元和二年「東都莊宅使織造戶，並委府縣收管」。

(15)參閱唐大詔令，八六，咸通七年大赦，放免「諸縣應欠咸通三年至六年各送府夏秋稅錢斛斗，並麵麴莊田地租」。

(16)唐大詔令，二，穆宗卽位赦。

(17)舊唐書，十三，德宗紀，貞元十五年八月丙辰討吳少誠制。

(18)太平廣記二〇二，李實條引國史補。

(19)全唐文，五五，順宗放免積欠詔。舊唐書，十四，順宗紀作「六月丙申詔，二十一年十月已前，百姓所欠諸色課利租賦錢帛共五十二萬六千八百四十一貫石匹束，並宜除免」。

(20)舊唐書，十七，文宗紀。並參閱寶曆元年「七月癸巳勅鄠縣渼陂，尙食管係。太倉廣運潭，復賜司農寺」。

(21)唐大詔令，八六，咸通八年德音。

(22)元氏長慶集三八，同州奏均田。

(23)全唐文，七八，會昌五年，加尊號後郊天赦文。

(24)唐會要七八，五坊宮苑使，五坊，是鷹坊，雕坊之類。

(25)唐會要，八九，疏鑿利人。册府元龜，五〇三，「歲當錢九百六十」作「九十六千。」舊唐書二十上，天祐元年，「內園冰井公事，委河南尹」。

(26)東觀奏記，下參閱中，「崔罕爲京兆尹，內園巡官不避馬」。

(27)唐會要，八三，租稅上。册府元龜四八四，作「內田宅使上言」。假定籍沒的田宅，都屬於內莊宅使，則牠屬下的莊田，確應極多，參閱元氏長慶集，三七，彈奏劍南東川節度使狀。關于內莊宅使，參閱加藤繁，內莊宅使考（東洋學報十卷二期）。

(28)唐大詔令，七二，乾符二年，南郊赦文。

(29)見註十一。

(30)唐會要，六六，西京苑總監「開成五年四月勅總監宜令內官司管，仍別置使。其總監及丞簿共四員宜停。」

(31)金石萃編，一一七，劉遵禮墓誌，參閱金石補錄廿一。「唐陀羅尼經碑跋云：「大中十年三月建，後云男內莊宅使判官王公稚」。

(32)前書，一一四，大中五年，勅內莊宅使牒，牒如下：

「勅內莊宅使牒：
萬年縣，滻川鄉，陳村，安國寺，金經×壹所，估價錢壹百叁拾捌貫伍百壹×文舍叁拾玖間，雜樹共肆拾玖根　地壹×畝玖分　莊居東道並菜園，西李叔和，南龍道，北至道。
牒前件莊准　勅出賣勘案內　×正詞狀請買價錢准數納訖其莊×巡交割分付，仍帖買人知任便爲主×，要有迴改，一任貨賣者，奉使判×者准判牒知任爲憑據者，故牒
判官內僕局丞彭×
副使內府局令賜緋×(魚)×(袋)劉行宜
使兼鴻臚禮賓等使特進知××田紹宗。」

三　貴族大地主之莊墅(1)

均田制度只是將國有，或者說國家力量能支配的土地，給與人民。自始這種制度，就不否認私田的存在。牠反以永業田，賜田等，鼓勵大的私有土地，以口分永業等田，維持小的私有土地。由唐初起，大的土地所有形式就繼續以前一時代的形式，莊墅，存在着。有大量土地的人們，多半是貴族官

吏，寺院，有免課役的特權，在擔負上，較輕於一般小農。所以，他們便利用他們的優越地位，蓄積多量的貲財，以種種的商業行爲，呑併了小農的產業，尤其是在兵災，水旱，賦役緊迫的時候，他們對小農實行屠夫的政策。商人也利用商業利潤，來攫取土地。在另一方面，貴族，官吏也利用他們的政治地位，對於國家的，或無主的荒田，山林，以一種合法手續的請射，借荒，包佃與任意的占奪，（2）改籍，攫取到手中。

貴族大地主手中的大量土地，多數，未能集中在一起，所以在經營上，便不得不分成若干單位，這些單位，在當時便稱之爲莊，墅。不過土地卽使集中在一起，因農業技術的關係，也不能不分成莊，墅。財富的表示，便是有莊若干所。

城南膏腴別墅，連疆接畛，凡數十所。（3）

馮若芳，每年劫取波斯船二三艘，取物爲己貨，掠人爲奴婢，其奴婢居處，南北三日行，東西五日行，村村相次，總是若芳奴婢之住處也。（4）

田宅遍畿甸，（5）遍海內，（6）多田，（7）足穀，（8）便是貴族大地主的榮耀。

這種莊墅，在都市附近的，往往是一種有山水花木的地方。貴族們，在都市中，因生活厭煩，而到莊墅裏改換改換（9）空氣。

多數的莊墅，包括較廣大的地面。土地中，有時全爲農田，果園，菜園，有時還有許多的荒山，柴草。（10）至於特別置牧地的，（11）又當別論。這種土地，有的是「連疆接畛，」不過多數的莊田，由現在所能看到的莊契或莊田四至碑看去，田地幾乎很少有能集中在一起的。（12）大概總是與其他諸人的土地互相錯雜着。有時，一個莊子，可有幾十段片土地，各片各段的四至鄰人，都不甚相同。

每一莊中，大概都有屋舍，這種屋舍，叫做莊屋，莊院。假如地主常到莊墅來時，則莊屋的設備，或許好一點。有堂軒，莊客，奴婢都住在莊院裏：（13）

貞元中，庶子沈聿……有別業在邑（三原）之西，聿因官遂修葺焉。於莊之北平原十餘里，垣古埏以建牛坊，秩滿，因歸農焉。一日，晝寢堂之東軒……晚於莊門……（14）

開成中，有盧涵學究，家於洛下，有莊於萬安山之陰。夏麥既登，時果又熟，遂獨跨小馬造其莊。……及莊門，已三更。扃戶闃然。唯有數乘空車在門外。羣羊方咀草次，更無人物。涵棄馬潛跧於車箱之下。竊見大漢徑抵門，牆極高，只及斯人腰跨。手持戟，瞻視莊內。遂以戟刺莊內小兒。但見小兒手足撈空於戟之顛，只無聲耳。涵度其去遠，方能起扣門，莊客乃啓關，驚涵之夜至，喘汗而不能言。及旦，忽聞莊院內客哭聲云三歲小兒因昨宵寐而不蘇矣。涵甚惡之，遂率家僮及莊客十餘人持刀斧弓矢而究之……(15)

有些莊院，設備並不好，與普通的農家無何區別：

驢……入一莊中，頃聞莊內叫呼云，驢踏破醬甕，牽驢索主，忽見鄭求驢，其家奴僕訴詈。(16)

莊子之大者，地或在五十頃以上，牠的莊院或者還可以構成一個村落。多數的小莊，地有不過一頃者。(17)最小的莊，主須以鬻菜爲生。(18)這樣的莊，事實上是一所園屋。假如是在鄉間的，則莊之小者，莊屋，如果不是田舍，也是在村落內的一所宅舍。不過，這類莊院，當時，也稱爲莊墅。實際上，這樣的莊田，就是地一「處」一「份」的「處」或「份」的意思，牠本身絕不能構成一個村落。

貞元四年春，常州錄事參軍李哲，家於丹陽縣東郭去五里有莊，多茅舍，晝日無何有火自焚，救之而滅。……居旬，鄰人盜哲犬殺而食之。事發，又得一書曰里仁爲美，擇不處仁，焉得智。(19)

唐進士鄭翬家在高郵，親表盧氏莊近水，鄰人數家共殺一白蛇。未久，忽大震雷雨，發數家陷溺無遺。盧宅當中唯一家無恙。(20)

莊主若在莊時，則莊田由莊主經營，前舉之沈聿即其一例：

劉晏判官李邈莊在高陵，莊客懸欠租課，積五六年。邈因官罷歸莊，方欲勘責。(21)

工部員外郎張周封言舊莊在城東狗脊觜西，常築牆……崩，且意其基虛，工不至，乃率莊客指揮築之。(22)

主人若不在莊，則管理莊田及莊院的貴族們有莊吏。(23) 普通官吏地主，則多由家人奴婢們應掌。奴隸們假如還耕種土地，則多數恐亦限於園圃。

兗州王鑑，……開元中，……乘醉往莊。去郭三十里，……夜艾方至莊，莊門已閉。頻打無人出，遂大叫罵。……俄有一奴開門，鑑問曰，奴婢輩今並在何處？……奴云十日來一莊七人疾病相次死盡。……鑑大懼，走投別村而宿。(24)

開元中，家於崑山，富有田業，擇家人不欺能守事者，悉付之家事。(25)

唐建中元年，南康縣人，葉朗之使奴當歸守田，田下流有烏陂……比舍數十人。(26)

沒有家人奴隸的莊主，則以僱傭的僕人來往經營收租：

盧鈞子肅……光化初……有李鵠者造之，願傭力。鵠善營利，暇日往往反資於肅，……肅有舊業在南陽，常令鵠徵租，鵠皆如期而至。(27)

江南軍使蘇建雄，有別墅在毘陵，恆使傔人李誠，來往檢視。(28)

顏氏之家，自雍州遣家僕往鄭州徵莊租。(29)

更小的莊主，則朝往夕歸，或則收穫時，到莊監視：

葉縣人梁仲朋，家在汝州西郭之街南，渠西有小莊，常朝往夕歸。(30)

蜀人毋乾昭有莊在射洪縣，因往莊收刈。(31)

唐代的貴族們，地主們，便寄生在這樣的莊田上。不過他們雖然有優越的政治，經濟，社會地位，使他們可以追求購置，占奪莊田，但在土地久已參加了商業交易的社會中，他們的莊田也未能免俗，賣買貼賃的事也很普通。法律上，對牠們特別規定：

其官人永業田及賜田欲賣及貼賃者，皆不在禁限。（32）

應賜王公公主百官等莊宅碾磑店鋪車坊、園林等一任貼典貨賣，其所緣稅收，便令府縣收管。（33）

在貨幣價值有虛實之別時，對於典貼莊田的回贖，特別規定：

應典貼莊宅店鋪，田地碾磑等，先爲實錢典貼者，令還以實錢價，先以虛錢典貼者，令虛錢贖。（34）

事實上，莊田的買賣已成了流行的平凡事件，所以，聰明的貴族，不置田莊，而浪費的貴族子孫，也有了「三食」之誚。

嘉貞雖久歷清要，然不立田園。及至定州，所親有勸植田業者。嘉貞曰：「吾忝歷官榮，曾任國相，未死之際，豈憂饑餒。若負譴責，雖富田莊，亦無用也。比見朝士廣占良田，及身沒後，皆爲無賴子弟作酒色之資，甚無謂也。」（35）

唐咸通中，荊州書生號唐五經。學識精博，實曰鴻儒。旨趣甚高，人所師仰。聚徒五百以束修自給，優游卒歲，有西河濟南之風。幕寮多與之遊。常謂人曰：不肖子弟有三變，第一變爲蝗蟲，謂鬻莊而食也。第二變爲蠹魚，謂鬻書而食也。第三變爲大蟲，謂賣奴婢而食也。三食之輩，何代無之。（36）

賣莊田的紀事，在唐人筆記中，有很多的例子。記有價格的，並不很多，大概最少的百貫。百貫，約等於德宗時內園園丁一年的工資。最多的千貫：

（太和初）貨城南一莊，得錢一千貫（37）

中和中，將家於義興，置一別墅，用緡二百千（38）

貞元二十年，使通兒往海陵賣一別墅，得錢一百貫。（39）

「千年能移八百主，」（40）固是誇張。「莊田置後頻移主，書畫殊來亦賣錢，」（41）卻正是貴族，地主莊田的寫照。

（1）參閱加藤繁唐代莊園攷（師大月刊，第二期）及唐宋莊園及其聚落之發達（方志月刊，七卷二期）。

（2）全唐文，三一四，李華潤州丹陽縣復練湖頌，「練湖幅員四十里，……其傍大族，豪家，泄流爲田，專利上腴，畝收倍鍾，富劇淫衍」。這是宋代占圩田的先聲。

(3)舊唐書，一一八，元載傳。

(4)羣書類叢四輯，六九，唐大和上東征傳，這似乎是廣東的一種特殊例子。

(5)參閱新唐書太平公主傳，高力士傳，舊唐書武承嗣傳。

(6)兩京新記，郭駱駝邸店田宅，遍滿海內。

(7)太平廣記，四九五，引明皇雜錄，盧從愿爲多田翁。

(8)北夢瑣言弋，通中，韋宙江陵莊積穀七千堆爲足穀翁。

(9)唐會要廿五，「開元元年勅諸文武三品以上帶職者，欲向田莊，不出四面關者，不須辭見」。

(10)金石萃編八六，記石浮屠後，開元十八年金仙長公主的莊田的記述，及一一三，重修大像寺記。

(11)全唐文，一五二，許敬宗代御史王師旦彈莒國公唐儉文「唐儉往任尚書之日，付託前鹽州刺史，張臣合遣錄事參軍張正表，元大節等專令檢校牧放私羊，所判文書，自云檢示約束剪毛之貨。易州僚判署，潛立公文，市司勘估，一同官案。並有牧羊人康莫賀咄所署文牒共稱牧長，……敢以私產，託于州將，芻豢交易，並立案于曹司，牧圉家童，成假署于名級。」舊唐書一八三，武承嗣傳太平公主「馬牧羊牧田園質庫，數年徵斂不盡」；孫樵集四，興元新路記，「自黃峯嶺洎河池關中間百餘里，皆故汾陽王私田，嘗用息馬，多至萬蹄，今爲飛龍租入地耳」；册府元龜四九五，天寶十一載，禁官奪百姓口分永業詔「置牧者，唯指山谷，不限多少。」

(12)參閱金石萃編一一三，會昌元年，重修大像寺記，續編十三，宋初廣慈禪院碑，敦煌掇瑣，中輯，諸無年代的戶籍簿。

(13)加藤繁在唐宋莊園及其聚落之發展文中，據太平廣記，一六五，王叟(引原化記)認爲唐時莊園有客坊，可容二百餘戶；事實上，王叟條，未可據以論莊園客坊。因王叟「家。鄴城。莊宅。尤廣，」所謂客坊，當是城中之房產。不過客坊，卽是莊客居處，所謂「客二百餘戶，」因「莊宅尤廣，」也未必是一個莊園的客戶。

(14)太平廣記，三〇七，沈聿，引集異記，參閱酉陽雜俎八，「元稹在江夏買墅有莊，新起堂，」

(15)前書，三七二，盧涵，引傳奇。

(16)前書，七七，胡盧生，引原化記，這是一篇「接腳夫，」兼「接腳官」的故事。

(17)參閱金石萃編，一一四，勅內莊宅使牒。

(18)太平廣記，一五九，定婚店，引續幽怪錄「貞觀二年……唯一莊在宋城南……去店近，鬻蔬以給朝夕」。

(19)前書，三六二，李哲，引通幽記，參閱闕史，趙江陰政事「淮陰農者，比莊。」

(20)前書，三九五，高郵人，引因話錄參閱三五二，李頴引瀟湘錄。

(21)酉陽雜俎，十三。

(22)前書，十四。

(23)唐語林，二，鄭光「宣宗之舅別墅吏頗恣橫。」

(24)太平廣記，三三〇，王鑑引靈異集，奴隸們耕地的，可參閱十六，張老，引續玄怪錄「適遇一崑崙奴，駕黃牛耕田。問曰，此有張老家莊否？」

(25)前書四二〇，陶峴，引甘澤謠。

(26)前書四六七，葉朗之，引廣古今五行記。

(27)前書二七五，李鷸，引摭言。

(28)前書三九五，李誠，引稽神錄。

(29)前書三二，顏眞卿，引仙傳拾遺等書。

(30)前書三六二，梁仲明，引乾䐶子。參閱宣室志補遺，「河南龍門寺僧法長者，鄭州原武人。寶曆中，嘗自龍門歸原武。家有田數頃，稔而未刈，一夕因乘馬按行田間。」

(31)太平廣記一三三毌乾昭（徵戒錄）參閱清異錄下，八雜爐「有齊梁子弟上莊墅，監穫稻天寒野迴須附火，莊賓引往山坡守禾舍，拾杉枝燃之。」

(32)通典卷二。

(33)舊唐書十五，憲宗紀元和八年十二月辛巳勅。

(34)唐會要，八九錢幣上元元年十二月二十九日詔。

(35)舊唐書，五九，張嘉貞傳

(36)太平廣記，二五六唐五經引北夢瑣言，並參閱二二三，梁十二引定命錄「盧果因蒲博賭賽，莊宅等并盡。」

(37)前書，一五七，李敏求，引河東記。

(38)前書,一一七,孫泰引報應記。
(39)前書,四三六,盧從事引河東記。
(40)辛稼軒,因子弟固請置莊,買莊後語。
(41)後村大全集,一,故宅詩。

四　寺院之莊田

對於莊田的攫取,寺院正是貴族大地主的對手。王公,貴族,百官之佈施莊宅與寺院,在開元以前便成了嚴重的問題。政府與寺院爭奪莊田的鬪爭,就已開始。

寺觀廣占田地及水碾磑,侵損百姓。宜令本州長官檢括。依令式以外,及官人百姓將莊田,宅舍布施者,在京令司農卽收,外州給貧下課戶。(1)

檢括,是沒有用的。寺院的莊田,仍在信徒佈施,皇帝宣賜,寺院自己購買典貼等方式下,繼續不

斷的增加着。(2)

任一寺院的莊園，都不止一二所：

長山縣長白山醴泉寺……莊園十五所，於今不少……出寺門向北行十五里，到醴泉寺莊

斷中。(3)

頃者莊田典賣於鄉里，林木摧毀於樵童……出清俸以收贖，營莊大小共七所，都總管五十三頃五十六畝三角荒熟並柴浪等，八頃三十八畝半坡側荒，四十五頃一十八畝××熟××。瓦屋一百十二間，草舍二十間。果園一所。東市善和坊店舍共六間半。並瓦風伯莊，荒熟共一十一頃五十畝。(4)

在山區附近的莊田，則以山水爲界：

寺東十五里塔墅……湖之左右，夾壤二區，榛梗始×，菑畲粗立。僧徒理勝，力未贍農，童牧因間私竊種藝……乃推湖西易讓爲閒田……唯劃湖東十頃，復古賜地，窮海北，漸曾山南麓樸子盤根以東，峙富都股引而西注。眞陸水膏腴之沃壤，實神靈灌液之奧區。(5)

又奏范陽東南五十里，上垡村，趙襄子淀中麥田莊，並果園一所，及環山林麓，東接房南嶺，南逼他山，西止白帶山口，北限大山分水界，並永充供給山門所用。(6)

寺院中管理莊田的僧人叫做「知墅」「知莊」(7)莊田的收入，在除夕僧衆聚會時，作一總報告。

綱維，典座，直歲，一年內寺中諸莊，及交易並客斷，諸色破用錢物帳，衆前讀申。(8)

耕種莊田的，多數是莊客，傭人(9)下級僧徒們及寺院的常住奴婢，大概只經營園圃。(10)

以上所說的，都是寺院的財產，當時叫做「常住」莊田。在唐代，還有一種僧徒們的私莊，平常都很容易與寺院常住莊田，混在一起，而實際上，是有差別的。原來唐代的僧人有兩種，一種是受度而不出家，以度牒作免稅證的僧徒。

當今出財依勢者，盡度爲沙門，避役姦訛者，盡度爲沙門。……殖貨營生，非舍塵俗，援親樹知，非離朋黨，畜養妻孥，非無私愛。(11)

比緣征戍，巧詐百情，破役隱身，規脫租賦。今道人私度者，幾至數十萬。其中戶高丁多，黠商大

買，詭作臺符，羼名僞度。(12)

另一種僧人，受度也出家，但他受人們供奉，施舍，自己購買營求，也聚集下許多田莊。前一種僧人，身死時，莊田自歸其子孫承繼。後一種僧人的財產，則生時，或捨入寺院爲常住財：

請將自錢買得廢安所在萬年縣滻川鄉，並光莊並院內家具什物，兼莊內若外若輕若重，並囑授內供奉報聖寺。(13)

死後，卽歸僧徒們共同分受。

亡僧尼財產，舊係寺中檢收，送終之餘，分給一衆。比來因事官收，並緣擾害，今並停納，仰三綱通知，一依律文分財。(14)

寺院及僧徒之追求莊田，與利用僧徒得免課役之特權，而受度的人們之多，引起了官府的嫉妒，與覬覦。在唐初，賦稅的主體，是以丁規定的租庸調，所以沙汰僧尼，限度僧尼的詔書，便不時頒下：

自正覺遷謝，像法流行，末代陵遲，漸以虧濫。乃有猥賤之侶，規自尊高，浮惰之人，苟免徭役，妄爲剃度，託號出家。嗜欲無厭，營求不息，出入閭里，周旋閭閻，驅策畜乘，聚集貨財。耕織爲生，估販成

業，至乃親行劫掠，躬穿窬穴，造作妖訛，交通豪猾。(15)

莊田增多，既引起了政府的覬覦，同時戶口逃亡盛行，也使政府想利用這麼大的田莊，來安定一部逃戶擴充稅賦負擔人。唐隆元年的詔令已如前舉。到玄宗時，更累次的下令搜檢僧徒及寺院莊田，並且多少也有些成績。

紫微令姚崇上言請檢責天下僧尼，以偽濫還俗者二萬人。(16)

唐開元十五年有勅天下村坊佛堂小者，並拆除功德移入側近佛寺。堂大者，皆令閉封，天下不信之徒，望風拆毀。(17)

天下寺觀田，宜準法據僧尼道士合給數外，一切管收，給貧下欠田丁。其寺觀常住田，聽以僧尼道士女冠退田充。一百人已上，不得過十頃。五十人已上，不得過七頃。五十人已下，不得過五頃。(18)

安史亂後，出賣度牒，(19)是國家的財政收入之一，僧徒的猥濫至於極點。捨田作功德，(20)更是皇室的常舉。寺院的莊田，僧徒的莊田，極端擴張。但軍興之際，政府猶不忘收檢亡僧財產。到武宗時代，寺院與政府的衝突，到了爆發點。政府爲擴充負擔賦稅的地畝，與戶口，以及擴充國家皇室的莊田，頒佈了廢寺勒僧尼還俗的命令。這次行動，可說是安史亂後優待寺院與僧徒的結算。結果：

天下所拆寺四千六百餘所，還俗僧尼二十六萬五百人，收充兩稅戶，拆招提蘭若四萬餘所，收膏腴上田數千萬頃，收奴婢爲兩稅戶十五萬人。(21)

應在京外宅及東都修功德迴紇，並勒冠帶各配諸道收管。其迴紇及摩尼寺莊宅錢物等，並委功德使，以御史臺及京兆府各差官檢點收納，不得容諸色人影占。(22)

據當時的紀述，說還俗僧尼，狀稱「愛惜資財，自願還俗」(23)則上文中的膏腴田，奴婢，至少大部份是寺院的常住財產。僧尼的私產，是未能觸及的，只是他們由免稅的僧尼變成兩稅戶而已。武宗以後，廢寺令取消。但寺院恢復，恐亦不能如舊了。

(1)唐大詔令，一一○，唐隆元年誡勵風俗勅。

(2)參閱中國經濟二卷九期，唐宋元寺領莊園研究，全唐文三二四，王維請施莊爲寺表「臣遂于藍田營山居一所，草堂精舍，竹林果園，並是亡親宴坐之餘……伏乞施此莊爲一小寺，兼望抽諸寺名行僧七人精勤禮誦，齋戒住持。」四四五，寧執誼與善見禪師帖「善見禪師所管施利錢銀到後，量收糴支持到九月以來，餘錢即共議商量，至秋中糴米收貯訖報，當所將錢二百貫內二百八十貫充買莊，餘者買取果園一所，此並已帖，勾當造寺軍將成文鄙訖見禪師可同在意」。

(3)入唐求法巡禮行記卷二，一三四——五頁。

(4)金石萃編，一一三，重修大像寺記。

(5)前書，一〇八，大唐越州都督××縣阿育王寺常住田碑。

(6)前書，八六，記石浮屠後，開元十八年金仙長公主捨文。

(7)前引阿育王寺碑「惠炬闍梨，……法言沙門‥屈知墅任，垂將十年，」及太平廣記，四五四，姚坤條「知莊僧惠沼行兒」。

(8)入唐求法巡禮行記，卷三，一〇四頁，長安青龍寺。

(9)太平廣記，二一九，楊玄亮「(久視年)襄州人楊玄亮，年廿餘，于虔州汶山觀傭力」。

(10)前書二五〇，鄧玄挺引啓顏錄「唐鄧玄挺入寺行香，與諸僧詣園觀植蔬，見水車……遺家人挽之」雲溪友議，五，「徐侍郎(安貞)久居中書省，常參李右丞議，恐其罪飛累，乃逃隱衡山嶽寺，為東林掇蔬行者」太平廣記二二〇絳州僧條「永徽中……時夏衆藍熱寺衆于水次作藍(引廣五行記)。

(11)舊唐書，一〇一，辛替否傳。

(12)全唐文二四七，李嶠上中宗書。

(13)金石萃編，一一四，比丘尼正言疏。

(14)佛祖通紀，四，德宗興元元年勅。

(15)廣宏明集二五，唐高祖沙汰佛道詔。

(16)舊唐書，八，玄宗紀，開元二年。

(17)太平廣記，一〇四，李虛，引紀聞。

(18)唐會要五九，祠部員外郎，開元十年勅，唐代的僧尼道士女冠也能受田，大概男的三十畝，女的二十畝。

(19)舊唐書，四八，食貨志，安祿山反，「使御史崔衆于河東納錢度僧尼道士旬日間，得錢百萬」及一一三，裴冕傳，「乃下令賣官鬻爵，度凡僧道士」並參閱中國政治思想史三二三頁，神會推銷度牒之事，及二八五頁，李德裕疏。

(20)唐會要，六五，閑廄使，「監牧廢田……賜諸寺觀，凡千餘頃。」

(21)舊唐書，十八上，武宗紀，會昌五年八月制。

(22)前書，同卷，會昌三年二月制。

(23)入唐求法巡禮行記卷三，一四〇頁。

五　農民之諸種相

均田制度的重要意義，是鼓勵開墾，維持小農制度，受田的農民，因爲田地，雖有收授之令，而實際上可自由賣買所以也可以說是小的地主。按照他們取得田地的形式，這種農民，與英國中古末葉的 Copyholder，有些近似。不過，唐代受田的農民絕不因爲受田而有了何等特殊的義務。(1)在稅賦負擔上，他們與一般未能受田或有私田甚多的人們，是有同一的立場的。許多書上，宣稱「凡受田之人租二石」等等，只是設立法令時的一種意向。由實際狀況上看去，均田制度與租庸調制度二者間，沒有什麽永常的有機關係。

這種受田的小農，對於自己的耕地，大概都用盡心力來經營的。假如農忙時節，他們也會招佁傭工，他們的正常生活狀況，沒有材料可資證明。天寶以後，許多耕種自己的田地的小農，生活狀況如下：

史無畏，曹州人也，與張從眞爲友。無畏止耕壠畝，衣食窘困，從眞家富，乃謂弟勤苦田園，日夕區區，奉假千緡貨易。他日且歸吾本。無畏忻然齎緡，父子江淮射利，不數年已富。(2)

衞慶，汝墳編戶也。其居在溫泉。家世游墮，至慶乃服田，常歲月耕於村南古項城之下……家產日滋，飯牛四百蹄，墾田二千畝。(3)

改營商業，與發現了特別的寶藏，固可致富。但初唐時，一般小農，則多數沒有這樣的幸運，水旱，兵災，賦役差徭的繁重，都會使他們典貼貨賣，捨棄了他們的田地，成了當時的逃戶。自貞觀始，這些逃戶，就有些嘯聚於山澤爲寇盜，開礦山，或則與異族結合，來顛覆朝廷。唐初契丹之寇河北，山西，就有逃戶作嚮導。

聖曆元年十月納言狄仁傑，……上疏曰：……昔以契丹作梗，始明人之順逆，或有迫脅，或有顧從。或授僞官，或爲招慰，或兼外賊，或是士人。跡雖不同，心實無別。誠以山東強盛，由來重氣。一顧之勢，至死不迴。近緣軍機，調發傷重，家道悉破，或至逃亡。剔屋賣田，人不爲售。內顧生計，四壁皆空。重以官曲侵漁，因事而起，當州役使，十倍軍機。官司不矜，期之必取。枷杖之下，痛加肌膚，事迫情急，不修永義，愁苦之地，不樂其生。有利則歸，且圖賒死。……負罪之位，必不在家。露宿草行，潛竄山澤，赦之則出，不赦則逃，山東諸郡，盜因結聚。（4）

今諸州逃戶有三萬餘，在蓬渠梁合遂等州山林之中，不屬州縣，土豪大族，阿隱相容，徵斂驅使，皆入國人。其中遊手惰業亡命之徒，結爲光火大賊，憑依林險，巢穴其中，以甲兵捕之，則鳥散山

谷，如州縣怠慢則劫殺公行。（5）

　仙州四面去餘州界雖近，若據州而言則皆遠。土地饒沃，戶口稀疏，逃亡所歸，頗成淵藪，舊多劫盜，兼有宿寇。（6）

歷朝詔赦嘯聚山谷中執甲兵的人們，大概都沒有效果。逃戶之不入山澤的，則轉徙他土，成為當時的客戶，客戶是不在當地的戶籍簿中的戶，官府沒有方法，可以糾檢他們。

　逃亡之戶，或有檢察，卽轉入他境……所司雖具設科條，頒其法禁而相看為例，莫肯相承，縱欲糾其愆違，加以刑罰則百州千郡，庸可盡科。（7）

開元初年，逃戶客戶，成了嚴重的問題，宇文融的括客政策，使每丁輸錢千五百，曾得錢數百萬貫，（8）客戶八十餘萬戶，可見一般。

客戶止於各莊的，便稱為莊客，他們佃耕莊主的田土。

　爰及口分永業，違法買賣，或改籍書，或云典貼，致令百姓無處安置，乃別停客戶，使其佃食。（9）

余温泉別業，有田客，咸通中因耕於莊前冠蓋山之陰。(10)

莊客，或者用主人的牛隻農具種食，或則用自己的牲畜。租額，似乎一種是定額的，一種是按收穫量來分剖的，莊主莊客間的關係，似乎還很和善。例如：

（乾元中）夫人在莊疾亟……尋有莊人來報……曾莊客馬駒死，以熟腸及肉餽覿。(11)

新繁人王蕘，因往別業，村民烹豚待之，有一自天公齋迴，乃卽席食肉。(12)

莊客假如善於經營，也或者能買得田地，自造屋舍。

寶應二年九月，勅：客戶若住經一年以上，自貼買得田土，有農桑者，無問於莊蔭家住，及自造屋舍，勒一切編附。(13)

莊客制度的發展，就是佃作制度的發展，不過佃作的莊客，絕不是唐代有了逃戶以後，方發生的。事實上，是逃戶更擴大了莊客的隊伍。佃作制度，在唐初就已然穩定的建樹着，並且特別發展了包佃轉批的制度。現在且看法令，法令自來是承認既成事實的。

官田宅，私家借得，令人佃食；或私田宅有人借得，亦令人佃（食）作人，於中得宿藏物，各合

> 若爲分財。
>
> 藏在地中，非可預見。其借得官田宅者，以見住見佃人爲主，若作人及耕犂人得者，合與佃住之主中分。其私田宅，各有本主，借者不施功力，而作人得者，合與本主中分，借得之人，既非本主，又不施功，不合得分。（14）

本主，借主，佃人，三層的包佃制度，是較發展的佃作制度。在唐初律令上，就承認有這種制度，則牠的發展，就可想而知了。

嶺南的地主，則利用蠻人爲佃客：

> 山魈者，嶺南所在有之，……每歲中，與人營田，人出田及種，餘耕地種植，並是山魈。穀熟，則來喚人平分，性質直，與人分，人不敢多取。（15）

與佃作的莊客，相並的也發展了傭工，即農業工資勞動者。

> 大足元年，李嶠諫曰：……天下編戶，貧弱者衆，亦有傭力客作，以濟餱糧。（16）
>
> 水旱相仍，逋逃滋甚……暫因規避，旋被兼併。既冒刑網，復捐產業……或因人而止，或傭力

自資。(17)

傭工的期間，有些是長期的，有些是短期的，或日工：

有良田數頃，常欲舂穀爲米，載詣州貨之，功力未集，忽有雙髻男子，年可三十來詣林。林問何人？但微笑唯唯不對。林知其鬼物，令家人食之，致飽而去。翌日，忽聞倉下礱穀聲，視之乃昨日男子，取穀礱之。(18)

（唐永太末）絳州他村有小兒年廿許，因病後，頗失精神，遂化爲狼，竊食村中兒童甚衆。失子者不知其故。小兒恆爲人傭作。復一日，從失兒家過，兒父呼其名曰，明可來我家作，當爲致一盛饌。因大笑曰，我何人，倘爲君家作也。(19)

貞元中，……默往求傭。……輒賤其價，蘭喜召之，……於是勤恭執事，晝夜不離，見其可爲者，不顧輕重而爲之，未嘗待命……晝與羣傭苦作，夜寢他席……數年，(20)

傭工的生活，大體上離不了貧困：

婦即客舂，夫即客扶犂，黃昏到家裏，無米復無柴，男女空餓肚，狀似一食齋。(21)

商業化的農場，大概都僱用傭工：

九隴人張守珪，仙君山有茶園，每歲召採茶人力百餘人，男女傭工者雜處園中。一旦山水泛濫，市井路隔，鹽酪既闕。(22)

去此（徐州城）五里瓜園中，有一人姓陳，黑瘦貧寒，爲人傭作，賃半間茅舍而住。(23)

流浪的農民，不能在鄉村中生活，則聚集到都市中。小部份經營小販的生意。(24)大部份，爲人月傭，(25)日傭，(26)發展了傭作坊式的機關。

茅山陳生者，休糧服氣，所居草堂數間，偶至延陵，到傭作坊，求人負擔藥物，卻歸山居，以價錢，多不肯。有一夫壯力，然神少頗若癡者，疥瘡滿身，前拜曰：去得。遂令挈囊而從行，其直多少亦不問也，既至，因願留採薪，都不計價。(27)

長慶末……權長儒……留滯廣陵多日……有嗜人爪癖……乃於步健及諸傭保處，薄給酬直，得數兩，削下爪，或洗濯未清。(28)

(1)安史亂後，請佃逃戶莊田的，「給公驗，任爲永業」的「公驗」，近于英國的Copy，不過這樣取得田地的農民，仍與一般耕種自己的田地的農民一樣，不是國家的佃戶。五代時，請佃官田的也「給公驗，任爲永業，」不過他們必須「不失原課租額，」還稱農民的地位，更近于英國的 Copyholder。

(2)太平廣記，三九回，史無畏，引會昌解頤錄。

(3)前書，四〇二，衞慶，行三水小牘參閱三三九，羅元則引廣異記「元則歸家中歲餘，其父使至田中收稻，即周辭之，父怒曰田家當自力，乃欲偷安甘寢。」

(4)唐會要，七七，觀察使。

(5)全唐文，二一一，陳子昂，上蜀川安危事三條。

(6)唐會要，七〇州縣廢置上，仙州條。

(7)前書，八五，證聖二年李嶠疏。

(8)舊唐書，四八，食貨志。敦煌掇瑣，上四，開元狀，述雀兒燕子爭窟，兼述及寄莊，括客，徵客戶房租。這是歌詠括客的遊戲文字。

(9)册府元龜四九五，禁官奪百姓口分永業詔（天寶十一載）莊客，或客戶構成的其他方法，參閱宋史二七三，食貨志，皇祐(1049—54) 官莊客戶法「凡爲客戶者許役其身，毋及其家屬。凡典賣田產，聽其離業，毋就租以充客戶。凡貸錢，止憑文約交還，毋抑勒以爲地客，凡客戶身故，其妻改嫁者，聽其自便，女聽其自嫁」。

(10)三水小牘上，

(11)太平廣記，三三六，宇文觀，引廣異記。

(12)太平廣記，三九五，天公壇引北夢瑣言。

(13)唐會要八五籍帳，參閱太平廣記，三四七，李佐文引集異記「我傭居袁莊七年矣，前春夫暴疾而卒……守制發居，官不免稅。」（時爲太和六年）。

(14)唐律疏義，廿七，得宿藏物問答。假如這裏所提及的「作人」「耕犁人」，或是一種傭工，參閱第二章，註十九，引唐令拾遺。

(15)太平廣記，四二八，斑子引廣異記。（時代或爲天寶間）。

(16)唐會要，四九，像。

(17)唐大詔令，一一一，開元十二年五月，置勸農使安撫戶口詔。

(18)太平廣記，三五五，林昌業引稽神錄。

(19)前書，四二二，正平縣村人引廣異記，參閱五一，宜君之老引續仙傳「全家人物雞犬，一時飛去，空中猶聞打麥聲，…風定，其傭打麥二人，乃遺在別村樹下」。

(20)前書，一二八，尼妙寂引續幽怪錄。

(21)敦煌掇瑣上輯，三十，這是一篇農民中之貧富差別及應差時之差別的最好的長詩。

(22)太平廣記，三七，陽平謫仙，引仙傳拾遺。

(23)前書，三五，韋丹，引會昌解頤錄，參閱一六〇，灌園嬰女引玉堂閒話。

(24)前書，一〇八，王翰（酉陽雜俎）。一六五，王叟（原化記）。

(25)前書，八四，唐慶條引逸史，盧鈞條引樜言。

(26)前書，二四三，竇乂條引乾䐑子。

(27)前書，七四，陳生引逸史。

(28)前書，二〇一，檀長儒引乾䐑子，「步健」與「傭保」處，當是人多的地方，

第四章　水陸商路與都市之發展

一　水陸諸商路概略

唐代對西方貿易海路的起點，歷時最久，最繁盛的是廣州。阿拉伯，波斯商舶自波斯灣頭，渡過印度洋，與印度及馬來商人，沿馬來半島北上而至廣州。中國商舶，也沿着這一條商路，到南洋，印度，波斯灣。阿拉伯，波斯，印度等地的商人，到達廣州後便北上，先通過大庾嶺。大庾嶺山路，是玄宗初年，爲便利貿易而開鑿的。張九齡說明未開時交通的困難，與開通以後的便利如下：

以載則曾不容軌，以運則負之以背。而海外諸國，日以通商，齒革羽毛之殷，魚鹽蜃蛤之利，上足以備府庫之用，下足以贍江淮之求。（1）

通過大庾嶺，沿贛江而下，入長江，（2）到揚州。更沿運河，黃河，洛水到東都洛陽，由陸路或水路到長安。由揚州從海路到廣州，當亦為要道。不過似多不甚通行。咸通間，對廣西安南用兵，因湖南山路運輸不便，始在潤揚等處雇船運糧至廣州。(3)

對日本的貿易，則自揚州由長江，或由明州，利用貿易風，而逕到日本，這是南路。北路，則由楚州出淮河口，沿山東半島，朝鮮而至日本。對日本的貿易，大體上，以中國，新羅船舶為主，日本只有少量的商船，遣唐使的船舶，不在此例。(4)

對新羅貿易，除到日本去的北路以外，多由山東登州，到遼東半島，更沿海岸到朝鮮半島。(5)唐初討高麗，運兵運糧卽由此道。中葉巳後，盛行的掠賣新羅生口。也由此商路，大市場便是登萊二州。(6)

陸路對中亞的貿易，則由長安出發，通過新疆的南路，或北路到中央亞細亞，波斯灣頭。中國京兆山西的工匠，大概卽由此路而到了阿拉伯，也或者是軍事俘虜。(7)唐代征服新疆，征服中亞，都有設法控制這條商路的意向。

國內各地的貿易，則多利用自然的江河，開元以前：

天下諸津，舟航所聚，洪舸巨艦，千軸萬艘，交貨往還，昧旦永日。（8）

開元天寶間：

（開元十四年）七月十四日，瀍水暴漲，流入洛漕，漂沒諸州租船數百艘，溺死者甚衆，漂失揚，壽，光，和，廬，杭，瀛，棣租米一十七萬二千八百九十六石，並錢絹雜物等。……滄州大風，海運船沒者十一二，失平盧軍糧五千餘石。（9）

天寶十載廣陵郡大風，架海潮淪江口大小船數千艘。（10）

十載正月大風，陝州運船失火燒二百一十五隻，損米一百萬石，舟人死者六百人。又燒商人船一百隻。（11）

天寶以後：

廣德元年十二月二十五夜，鄂州失火，燒船三千艘，延及岸上，居人二千餘家，死者四五千人。（12）

且如天下諸津，舟航所聚，旁通巴漢，前指閩越，七澤十藪，三江五湖，控引河路，兼包淮海，弘舸

巨艦，千軸萬艘，交貨往來，昧旦永日。(13)

凡東南郡邑無不通水，故天下貨利，舟楫居多。舟船之盛，江西爲多，編蒲爲帆，大者八十餘幅……大曆貞元間有俞大娘航船最大，居者養生送死婚嫁，悉在其間開卷爲圃，操駕之工數百，南至江，北至淮，歲一往來，其利甚大。(14)

不能利用江河的地方，則利用驛路，唐代的驛路，(15)大體上，可分成以下幾條；由長安西至鳳翔，南下至成都，(16)中葉已後，改由鄜至漢中，然後轉往成都。(17)第二條，自長安沿丹江，漢水至荊州，(18)南至長沙，廣西，安南。第三路由長安至洛陽，東至山東。(19)第四路，由長安，渡黃河，至太原，出娘子關至范陽，惟此路多不用，多由河南北上沿今日之平漢路，(20)至范陽。陸路貿易之盛，可以驛館旁的客店之盛來表明一下：

唐定州何明遠，大富，主官中三驛。每於驛旁起店停商。專以襲胡爲業，貲財巨萬，家有綾機五百張。(21)

近世有士人，應舉入京，途次關西，宿於逆旅，舍於小房中。俄有貴人奴僕數人云公主來宿，以

幕園店及他店四五所。(22)

東西宋汴，西至岐州，夾路列店肆待客，酒饌豐溢，每店皆有驢賃客乘，倏忽數十里，謂之驛驢。南詣荊襄，北至太原范陽，西至蜀川涼府，皆有店肆，以供商旅，遠適數千里，不持寸刃。(23)

旅舍的主人祇認識商販，不認識士人，可見商販往來之頻繁。

西行長安，至新豐，宿於逆旅，主人唯供諸商販而不顧周。(24)

(1)全唐文，二九一，開元四年開大庾嶺路。
(2)參閱唐代長安與西域文明三三頁。不過向達認爲商人懼長江之波濤，而由洪州趨浙江，沿富春江北至江蘇，入揚州，似無何實據。長江之波濤比起印度洋馬來海峽的波濤，恐怕要小得多，商人不懼印度洋的波濤，而懼長江之波濤，因是而取一大迂迴之路途，理由似甚牽強。太平廣記四〇二，李灌引獨異志。提及洪州建昌疾波斯，似可指明商人是由長江至揚州。
(3)唐會要八七，咸通五年。
(4)中日交通史上，六章四節遣唐使之航路。
(5)前書上，一〇一頁，日唐交通圖第一二期航路，日本初期的遣唐使，卽循此路至登州。
(6)唐會要八六，奴婢，長慶元年薛苹奏，及三年金柱弼奏。

(7)通典一九三，引杜環經行記。

(8)唐會要，八六，長安二年，崔融語。

(9)——(12)舊唐書五行志。

(13)舊唐書九四，劉晏語。

(14)唐語林補遺。

(15)參閱燕京大學史學年報五期，唐代驛制攷。

驛路上之擁擠，可參閱國史補上「澠池道中有車載瓦甕，塞于隘路，屬天寒，冰雪峻滑，進退不得，日向暮，官私客旅羣隊鈴鐸數千。」

(16)參閱舊唐書玄宗幸蜀的路線。

(17)孫樵集四，興元新路記及唐會要，八六，道路大中三年四年條。

(18)唐會要八十七，寶應時中央運輸米糧似即由此路，並八六，道路，貞元四年條。並參閱太平廣記四〇四，肅宗朝八寶，引杜陽雜編，「時史朝義方圍宋州，又南陷申州，淮河道絕，遂取江路而上，抵商山入關，以建巳月十三日達京……即日改爲寶應元年。」

(19)參閱註五。

(20)有名的趙州洨河石橋，就在這一條線上。唐人歌詠此橋的頗多，並參閱金石萃編八三，大唐易州鐵像頌「開北山，通車道三所，置縣三，每驛旁造店一百間」。

(21)太平廣記，二四三，何明遠條引朝野僉載。關于易州商業的繁盛，參閱全唐文三〇五，徐安貞易州刺史田公德政之碑，「通商服賈，日以塡湊，並爲一都之會」。

(22)太平廣記，三〇二，華嶽神女。

(23)通典卷七。

(24)太平廣記，一六四，馬周，引談賓錄。

二　國際貿易都市

在前述的商路附近，發展了許多國際商人常往來的都市。兩都，是兩個因政治中心而發展起來的都市。不過，長安也是中國對中亞，新疆，青海，四川等地的貿易的必然集合點。在兩都以外，運河黃河交口處之汴州，淮河運河交接處之楚州，運河長江交接處之揚州，在通廣州的商路旁的洪州，以及廣州，長江中游之荊州，及四川之成都，與錢塘江流域之越州，明州，都成了國際商人的集合地點。福建的泉州，似在中唐以後，方開始發展。

廣州在唐初，便是外國商船到此貿易，中國商船，由此出發的港口。唐初僧徒，有很多由此到印度求經的。(1)武后時代，外國商人便因事殺害都督，乾元中攻擊刺史。(2)開元中，設有市舶使(3)購買外國商品收抽船脚。安史亂後，各道節度使派人到廣州販賣貨物的，尤其不少。(4)黃巢作亂，曾在廣州殺害外國商人十二萬至二十萬之多。(5)

洪州，是一大木材聚集場。(6)同時，因有水路可通饒州，(7)所以饒州的磁器，礦產，與官府鑄錢監鑄得的貨幣，(8)也都聚集在這裏。更加牠的地理位置，使牠能够控制揚廣間的貿易。

揚州，是唐代最大最富的國際貿易都市。西方水陸兩大商路，與對日本的海路，及中國內江內河的貿易，都匯合在這裏。開元前後，已然很繁盛。暫以寄生在商人身上的無賴子弟的行徑來表明一下：

孟神爽，揚州人，稟性狠戾，執心鴆毒，巡示索物，應聲即來。入邸需錢，隨口而至，長史縣令，高揖待之，丞尉判司，頷之而已。張潛爲揚州刺史，聞其暴亂，遣江都縣令店上捉來，拖入府門，高聲喝付法曹李廣推舉密事並虛，准敕決百杖下卒。(9)

安史亂後，揚州是鹽鐵轉運使駐在地，東南財賦，率集於此。(10)各道節度使，京中百司，率多遣吏置邸(11)貨易，故有揚一益二(12)之稱。王建張祜之詩，頗可表現其繁盛：

夜市千燈照碧雲，(13)高樓紅袖客紛紛，如今不是時平日，猶自笙歌徹曉聞。

十里長街市井連，月明橋上看神仙，人生只合揚州死，禪智山光好墓田。

田神功破揚州，劫掠貲財，殺死商胡二千餘人，(14)可見其盛。

楚州的地理環境，證明了牠的任務。此處有新羅坊，是新羅商人及商船的集合地。(15)山東的木炭，供給了楚州(16)城市中的燃料。

汴州，在開元前後，也很繁盛。寄生在商人身上的流氓，已然出現了。

唐李宏，汴州浚儀人也，兇悖無賴，狠戾不仁。每高鞍壯馬，巡坊歷店。嚇庸調租船綱典，動盈數百貫；強貸商人巨萬，竟無一還。商旅驚波，行綱側膽。任正理爲汴州刺史，上十餘日，遣手力捉來，責情決六十，杖下而死。工商客生，酬飲相歡，遠近聞之，莫不稱快。(17)

兩京的洛陽與長安，繁盛亦不亞於揚州。兩京，各有兩市，市皆佔二坊之地，市內分爲行，每市行數，皆百數上下。(18)洛陽，在安史亂前，皇帝時常巡幸，故特爲繁榮。武后時，曾斂蕃客胡(19)商錢百萬億以造天樞可見蕃客胡商之多。安史亂後，卽漸趨衰落。長安，在黃巢亂前，雖時經變亂，但繁榮不減。(20)且以二事（關於都市交通的）作其代表：

上都通化門長店，多是車工之所居也。廣備其財，募人集車，輪轅輻轂，皆有定價，每治片輞，通懸三緡，懸錢百文，雖敏手健力器用利銳者，日止一二而已。(21)

扶風馬震居長安平康坊。正晝寢，聞扣門，往看，見一賃驢小兒云：適有一夫人，自東市賃某驢……至此，入宅未還賃價……付錢遣之，經數日，又聞扣門，亦又如此，前後數四。(22)

長安的外商外人特別多，有人有了長安胡化的感覺。(23)尤其是肅代二宗，借迴鶻兵力平定安史亂以後。(24)

荆州，在國際商人眼中地位也很高，由迴紇特請置摩尼寺，(25)於此可以想見，唐末這裏出了許多茶商鹽商，並且出了一個最富的商人資本家：

江陵有郭七郎者，其家資甚殷，乃楚城富民之首。江淮河朔間，悉有賈客仗其貨貿易往來者。

乾符初有一賈者在京師，久無音信，郭氏子，自往訪之，盡獲所有，僅五六萬緡。(26)

成都，則是對雲貴西藏(27)貿易的中心，有東西市。(28)胡商亦不少。(29)荆州與成都，是唐代南口奴隸貿易的兩大市場。(30)明州，卽今日之寧波，是對日本貿易的根據地，商船到日本去的很多，有些竟繼續十數年之久。(31)國內貿易，越州亦有地位：

寶應中，越州觀察使，皇甫政，妻陸氏……州有寺名寶林……（政）構堂三間。陸氏於寺門外，築錢百萬，募畫工，自汴滑徐泗揚潤潭洪及天下畫者，日有至焉……忽一人不說姓名，稱劍南來。……請備燈油將夜緝其事……至平明，燦爛光明，儼然一壁畫，……政大設齋，官商來集，政又擇日，率軍吏州民，大陳使樂。(32)

(1)參閱中西交通史料匯篇六册，三六六頁，一〇三節以後引唐高僧傳。

(2)舊唐書，十「乾元元年，九月，癸巳，廣州奏大食國波斯國兵衆攻城，刺史韋利見，棄城而逃。」新唐書，四，則天皇后，「光宅元年七月戊午廣州崑崙殺其都督路元叡。」

(3)舊唐書，八，開元二年有市舶使之紀述，並參閱唐會要六六。少府監項下顯慶六年勅，及唐大詔令十，太和八年疾愈德音。

(4)太平廣記，一四九，柳及，引前定錄「貞元中長沙小將姓周者部本郡錢帛貨貿於廣州。」

(5)見中西交通史料滙篇第三册，古代中國與阿拉伯之交通，一三〇頁引 Abu Zaid Hassan 之紀錄。

(6)參閱下章，第一節，記信州一段。並太平廣記，三三一，楊溥引紀聞「豫章諸縣，盡出良材，求利者採之將至廣陵，利則數倍。」

(7)太平廣記，四二二，許漢陽，引博異志。「貞元中舟行於洪饒間。」

(8)此處有永平監，有銀山，見元和郡縣圖志二八。

(9)太平廣記，二六三，孟神爽引朝野僉載。

(10)唐代轉運使例分二使，一主東南一主四川關中，山西，參閱唐會要八四，兩稅使，及八七，轉運使。

(11)唐會要，八六，市，大曆十四年七月令。

(12)容齋隨筆九，唐揚州之盛「唐鹽鐵轉運使在揚州，盡斡利權，判官多至數十人。商賈如織，故諺稱揚一益二，謂天下之盛，揚爲一而蜀次之也。」

(13)長安。亦有「夜市，」唐會要八六，市，「開成五年十二月勅京夜市宜令禁斷。」

(14)舊唐書，一二四，田神功傳。

(15)入唐求法巡禮行記，各處常記楚州的新羅人，新羅船。圓仁，就曾由密州乘新羅人船至楚州。

(16)前書卷一一二七頁，卷四九七頁。

(17)太平廣記，二六三，李宏，引朝野僉載。

(18)宋敏求長安志，八，東市市內貨財二百二十行，卷十西市「市內店肆如東市之制」。韋述兩京新記東都豐都市，「邸凡三百一十二區，資貨一百行」元河南志，京城內坊街隅古蹟條。「豐都市內百二十行。」

(19)太平廣記，二三六，則天后。

(20)新唐書，二二五下，黃巢傳「自祿山陷長安，宮闕完雄，吐蕃所燔，唯衢衖廬舍，朱泚亂後，百餘年治繕神麗如開元時。」

(21)太平廣記，八四，奚樂山，引集異記。

(22)前書，三四六，馬震，引續玄怪錄。

(23)太平廣記四八五東城老父傳。

(24)參閱唐代長安與區域文明三九——四九頁。

(25)釋志磐，佛祖統記，四一，「大曆六年，迴紇請於荆，揚，洪，越等州置大雲光明寺。」

(26)太平廣記，四九九，郭使君引南楚新聞。

(27)韋皐曾在四川西部，大破吐蕃。南詔之開化，卽得力於四川的貿易與四川學者之教育。並參閱太平廣記一六六，吳保安，來往的接洽贖俘虜，就指明往還貿易之盛。

(28)太平廣記，八五，賣竹子，引野人閒話「成都……東市賣藥黃生家。」

(29)茅亭客話，卷六，記有成都賣香藥的（李珣之弟）李玹是一波斯人。鑒誡錄四，斥亂常，稱李珣爲「土生波斯。」

(30)唐會要六二諫諍，長安四年「張廷珪諫曰竊見國家……荆益等州市奴婢。」

(31)參閱中日交通史，上卷，一三九——一四六頁，日唐往來船舶一覽表張支信，李延孝諸人。

(32)太平廣記四一，黑叟，引會昌解頤錄，及河東記。

二　其他各地的市草市廟會及會

按照唐代的法令，市是不能任意設立的：

景龍元年十一月勅諸非州縣之所，不得置市。其市當以午時擊鼓二百下而衆大會，日入前七刻，擊鉦三百下散。其州縣領物少處，不欲設鉦鼓聽之。(1)

許設市的地方都有市令，安亂後，大中間又規定：

（五年）勅中縣戶滿三千以上，置市令一人史二人。其不滿三千戶以上者，並不得置市官，若要路須置，舊來交易繁者，聽依三千戶法置，仍申省。(2)

州縣的市，有些是在城外，例如登州，市在城東，(3)萊州，在城南，(4)利州在城南。(5)有些則在城內，例如晉州，(6)宋城。(7)照律令中聚散的規定，這種市只是一種廣場，廣場上設許多浮攤而已。不過許多州縣的商業已極發達，店鋪極多。同時，專爲商人而設的邸第客坊店舍也極普遍。例如下：

李晦爲雍州長史，私第有樓，下臨酒肆。(8)

入夔州市，……是夕火發，燒二百餘家。(9)

李珏，廣陵江陽人也，……世居城市，販糴自業。(10)

貞元年中，郢州有酒肆王卿者，店近南郭。(11)

（利）州之南有市，人甚闐咽，一夕火起，烟焰亘天。(12)

天寶中，相州王叟者，家鄴城，富有財……莊宅尤廣，客二百餘戶。叟常巡行客坊，忽見一客方食，盤飡豐盛。叟問其業，客云：唯雜粉香藥……有五千之本，逐日食利，但存其本。(13)

南北街百官等，如聞昭應縣兩市，及近場處廣造店鋪，出賃與人，干利商賈，莫甚於此，自今已

後，其所賃店鋪，每間月估不得過五百文，其清貧官準法不得置者，容其出賣。(14)

在州縣以外，河津渡口或要路所經，又出現了許多草市。草市大概不如州縣之市之繁盛，性質上或者是未經官許，未設市令的市。

開元十三年……德州安德縣渡黃河南，與齊州臨邑縣鄰接有灌家口草市一所，頃者成軍，軍於市北築城名曰福城。(15)

天寶中……玄宗即詔兼瓊求訪王老進之，兼瓊搜索青城山前後，並無此人，唯草市藥肆云……(16)

長慶元年五月丁巳，滄州先置……歸化縣於福壽草市，並宜停廢。(17)

唐寶曆中荊州盧山人，常販燒朴石灰，往來于白洑南草市……賈人趙元卿好事，將從之遊，乃頻市其所貨……盧笑曰今日且驗君主人午時有非常之禍，若信吾言，當免。子可告之。將午當有匠者負囊而至，囊中有銀二兩餘，必非意相干也。可閉關，妻孥勿輕應對，及午必極罵，須盡家臨水避之，若爾徒費錢三千四百。時趙停於百姓張家，即遽歸告之。張亦素神盧生，乃閉門伺之，欲午，

果有人狀如盧所言，叩門求糴，怒其不應，因戕其門，張重賫捍之，少頃，聚人數百。(18)

在草市以外，還有另一種廟會，周遊各地的「會」(Fair)或特種物品的市。

灌口白沙，太山府君廟，每至春三月，蜀人多往設齋，迺至諸州醫卜之人，亦嘗集會。(19)

貞元中……中元日，番禺人多陳設珍異於佛廟，集百戲於開元寺，煒因窺之，見乞食老嫗，因蹶而覆人之酒甕，當爐者毆之。(20)

漢陽郡有續生者，莫知其來，身長七八尺，肥黑，剪髮留二三寸，不着褌袴，破衫齊膝而已。人遺財帛，轉施貧窮，每四月八日，市場戲處，皆有續生。郡人張孝恭不信，自在戲場對一續生，又遣奴子往諸處看驗，奴子來報，場場悉有，以此異之。(21)

蜀有蠶市，每年正月至三月，州城及屬縣循環一十五處，耆舊相傳，古蠶藂氏爲蜀主，民無定居，隨蠶所在致市居。(22)

唐王昌遇，梓州人，得道號易玄子。大中十三年九月九日上昇。自是以來，天下貨藥輩，皆於九月初集梓州城，八日夜於州院街易玄龍沖地，貨其所賫藥。川俗因謂之藥市，遲明而散。逮宋朝天

聖中，燕龍國肅知郡事，又展爲三日至十一日而罷。是則藥市之起，自唐王昌遇始也。有碑敍其本末甚詳。(23)

草市，廟會，會發展起來，有些都成爲極重要的市鎮，到宋元便成了官府設立商稅務，酒稅務的所在地了。

在中國北部沿邊一帶，官府設立互市監，管理對北部諸族的互市。每次互市的時間，大概都很短，且受有許多限制。

諸外蕃與緣邊互市，皆令官司檢校，其市四面穿塹，及立籬院，遣人守門，市易之日卯後，各將貨物畜產，俱赴市所，官司先與蕃人對定物價，然後交易。(24)

錦綾羅縠紬綿絹絲布氂牛尾眞珠金銀鐵，並不得度西邊北邊諸關及至緣邊諸州興易。(25)

不過中國商人深入北邊西邊的，仍然不少，並且政府也鼓勵這種往來的貿易。

裴伷先……則天時……徙北庭，貨殖五年，致資財數千萬。(26)

常須使商旅往來部落不得阻塞。(27)

(1)(2)唐會要八六，市。

(3)入唐求法巡禮行記卷二，九〇頁，「城正東是市，粟一斗三十文，粳米一斗七十文。」

(4)前書同卷，一一四頁「城外正南置市，粟一斗五十文，粳米一斗九十文。」

(5)太平廣記，八六天自在，引野人閒話。

(6)入唐求法巡禮行記，卷三，八十頁。「晉州城內市西普通院。」

(7)太平廣記，一五九定婚店，引續幽怪錄。

(8)前書四九三李晦，引談賓錄。

(9)前書三十，翟乾祐，引酉陽雜俎。

(10)前書三一，李珏引續仙傳。

(11)前書，四五王卿，引原化記。

(12)同註五。

(13)太平廣記，一六五，王叟，引原化記，參閱唐會要七二，「大中六年九月敕京兆府奏條流坊市，諸軍坊客院不許置弓箭長刀。」

(14)全唐文，三二，禁賃店干利詔參閱唐會要八六，市，「天寶八載十月五日西京威遠營置南市，華清宮置北市。」舊唐書三八，地理志天寶七載，「省新豐縣改會昌為昭應，治溫泉宮之北。」

(15)唐會要，七一，參閱北夢瑣言，「西川人言，梓州者，我東門外之草市也。」五代時限定京城的草市須去城七里外，（見五代會要二六，城郭）。

(16)太平廣記，許老翁引玄怪錄，參閱吳船錄上，「岷山之最近者曰青城山。」

(17)舊唐書，十六，北夢瑣言十二，記有閬州「茂賢草市」，草市之名稱「茂賢」，「福壽」，頗有些意義。

(18)太平廣記，四三，盧山人，引酉陽雜俎。酉陽雜俎作「匠餅者」「錢二千」自伏南草市，或在荆州近郊。

(19)前書，八六，抱龍道士引野人閒話。參閱吳船錄上「崇德觀在軍（永康軍）城西門外山上，秦太守李冰父子廟食處也。……李太守疏江驅龍有大功於蜀，祠祭甚盛，歲刲羊數萬，民買羊將以祭而偶產羔者，亦不敢留，並驅以享。廟前屠者數十百家，永康軍計，至專仰羊稅」。鑒誡錄卷十，求冥婚亦記有彭州導江縣，灌口李冰相公父子廟。南宋時，衡山的嶽市，就發展到有官府有設巡檢司之必要（見驂鸞錄）。似可指明廟會之發達的歸宿。

(20)前書，三四，崔煒，引傳奇。

(21)前書，八三，續生，引廣古今五行記。直到現在，北方鄉間，所謂三月三，四月八，端陽節，六月六，廟或市集尚有演戲以吸收遊人的。四月八日，正值麥秋之前，各地的會多是農具交易的大市。

(22)茅亭客話，九。

(23)事物紀原，八，蠶市。

(24)唐令拾遺，七一五頁，據白氏六帖事類集。

(25)唐律疏議，八，齎禁物私度關疏議。

(26)太平廣記，一四七，裴伷先引紀聞。

(27)唐大詔令，八六，光啓三年德音，參閱全唐文二六九，張守珪請停市犬馬表「伏見發使及典傔等大齎繒錦，將於石國和市犬馬」及太平廣記三二九，張守珪，引廣異記「西域胡僧者自西京造袈裟二十餘馱，還天竺國」。

第五章 工商業之發展

一 商業的特點

唐初，鼓勵商業的發展。在田令中，對於出賣永業口分田，雖加以禁制，但對於賣充住宅，邸店，碾磑，則加以優容，卽其證明。

自唐初起商人的勢力與影響，便都在政治設施中，反映出來。例如，官府對於官吏的薪俸，特設公廨本錢，置捉錢令史，使其迴易（1）生利以供之。嗣後，對於任何經常的小支出，都設本錢。（2）徵收戶稅時，對於有邸店行鋪的，便特加二等課稅。（3）

高祖時富商鄭鳳熾曾直接求買終南山。（4）武后時，張易之曾與蜀商等博戲於上（5）前。達官貴人，往往與（6）商賈往還，玄宗時代，竟然須以詔令來禁止。（7）至於商賈因貲財而得爲官，貴族官吏兼營商業，⑻則又當別論了。

綜觀唐代商業大概有以下幾種特點：

1. 外國商人得自由在各地貿易　外商除船舶到口岸時，須納舶腳，貨物先由官府市易一部份外，可以自由的在邸肆內與人貿易，同時，亦可自由的往來各地，且享有一部份治外法權。廣州揚州長安，皆有外商的邸店，如波斯邸之類。外國人在中國的，大體上，波斯阿拉伯商人，以富商爲多，他們販賣珠寶⑼玉器。所以唐人小說中提及波斯大食胡商時，總離不開珠寶。在另一方面他們也有窮困的，賣胡餅⑽的胡人，在各小說中也嘗見到，這就是唐人稱爲不相稱的窮波斯。⑾外商另一種營業便是放債，唐人稱之爲出舉。⑿至於唐代藉其兵力以平定安史之亂的迴紇，與冒名迴紇的九姓商胡，則更在長安「殖貲產，開第舍，市肆美利皆歸之。」⒀至於把持中國北部沿海貿易的新羅商人，則情形又有些不同，大概他們是以屬國人民的資格，或定居，或貿易於中國沿海一帶。

2. 經營大量交易的商客與邸店　綜觀唐代小說中所記下的商人故事，可得到一總概念，即當時所謂豪商富賈，除「藏鏹百萬」以放債，或與商人「便換」爲業者外，多數是轉運（14）貨物的商客，與開設邸店的商人。

「轉運貨物的商客」不是說的經營運輸業務的商人，而是說的一種自貨物出產地，或聚積地，收買聚積商品，然後運往其他都市出賣的商人。他們的交易多數是批發的，不是零售的。例如下：

軍吏徐彥威，恆業市木，丁亥歲往信州汭口場。無木可市，泊舟久之。一日有少年……曰吾有木在山中，明當令出也。居一二日，果有材木大至，良而價賤，市易既畢，往辭少年，少年復出大杉板四枚，曰，向之木吾所賣，今以此贈君，至吳當獲善提。彥威迴，始至秦淮，會吳帥殂，納杉板爲棺，以爲材之尤異者，獲錢數十萬。彥威大市珍玩，復往汭口以酧少年，少年復與交易，如是三往，頗獲其利，間一歲復詣之。（15）

（貞元九年，）張滂奏……於出茶州縣，及茶山外商人要路，委所由定三等時估，每十稅一。
（16）

（大中六年）裴休奏諸道節度使，觀察使，置店停止茶商，每斤收榻地稅，並稅經過商人，頗

乖法理。(17)

這種商人，就稱爲商客，(18)估客，(19)他們常常終年或數年在各地販賣大宗的商品，富於冒險的精神，有相當的武裝：

長安二年正月有司表請稅關市……崔融上議曰……若乃富商大賈，豪宗惡少，輕死重氣，結黨連羣，暗嗚則彎弓，睚眦則挺劍，小有失意，且猶如此，一旦變法，定是相驚。(20)

因爲這種商客是流動的，並且數量特別多，而各地又甚普遍，所以各種都市中，都發展了邸店，富商便「邸店遍海內。」邸店的意義，據唐律疏議，「居物之處爲邸，沽賣之所爲店」(21)似乎「邸」只是一種貨棧，實際上，邸，都兼賣買貨物，住商客，便是有淸一代的「行。」商客帶同貨物，住在邸店裏，主人與牙人爲商客作中間，將貨物賣出或再購買貨物。有時，邸店主人也許自己購買貨物。商客貨物之能否以高價快速的賣出，固然要靠主人與牙人，貨物價錢之能否收回，也要看主人與牙人之是否忠實。所以商客在到了新到的都市後，總是選擇邸店：

經遊天下偏，卻到長安城：城中東西市，聞客次第迎。迎客兼說客，多財爲勢傾，客心本明黠，聞

語心已驚。(22)

商客如果想與政治方面發生關係，或推銷奢侈品，則很可擇定官府或百官，公卿，開設的邸店。正當的商業交易，大概都選定主人富足的邸店，因爲主人富，或者不至於額外剝削商客：

> 永貞（八〇五）年，東市百姓王布知書，藏鏹千萬，商旅多賓之。(23)

商客在邸店內賣買大宗貨物，是當時一種較發展的貿易形式，所以官府在徵收交易稅，禁行欠陌錢時，都特別的提到他們，並且將責任全部加在主人，牙人身上。

> （建中四年）天下公私貿易，率一貫舊算二十，益加算爲五十……法既行，而主人，市牙，得專其柄，率多隱盜，公家所入，曾不得半。(24) 自今已後，有因交關用欠陌錢者，宜令本行行頭及居停主人，牙人等檢察送官，如有容隱，兼許賣物領錢人糾告，其行頭，主人，牙人，重加科罪。(25)

邸店是有利的營業，很早便引起了官府，貴族，官吏的注意，也競立邸店，因此在詔令中，方常看到禁貴族官吏設邸店，(26) 放免邸店舍課(27)的紀事，並且在官家邸店中經營商業的人們，也可免役。(28)

與商家之發展相連帶的，發展了運輸業者：在水路有舟船，在陸路有專爲人們載貨的車夫，與停息車輛的車坊(29)及負擔貨物的傭人。(30)至於因商客貿易之發展，而出現的便換，當另段論之。

3.開設店鋪的商人與小販　開設店鋪的商人，大體上，批發作坊的貨品，或到邸店裏，由行頭主人牙人作中間，批發商客的貨物，然後零售與主顧，這一類店鋪的例子，在唐人小說中，隨處都可見到。

另一種商人便是小販，小販沒有充分的資本，可開設店鋪，只能每次少少購進點貨物，在街巷中叫賣，或在市售賣。例如長安城中有專賣錢貫(31)的，四川有以木鼠爲商標專賣鼠藥(32)的。

4.在唐代，還有另一種商人，他們利用官府的資本，在市場上交易，或則到各大都市轉易貨販。在安史亂前與亂後，官府都有公廨本錢，擡人捉搦，這種人，當時稱之爲捉錢令史，或捉錢戶。他們對於官府，祇負擔繳納定額利息的義務，同時，他們也有免課役與升官的權利。因此，富商大賈，多投爲捉錢令史，犯了罪，州縣不敢過問。(33)

安史亂後，各地的節度使，更託名軍用，以軍隊的餉糧，作他們的資本，差軍吏或商人到大都市中置邸列肆貿易求利。(34)

設立鹽鐵轉運使後，便有了投官的鹽商。設茶稅後，便有正稅茶商。他們約定包銷斛石(35)多少，納稅後，卽可自由的在各地販賣茶鹽，官府爲他們，取消了許多通過稅一類的稅，官府爲他們也爲稅收特別加緊取締不納稅的私商。官商得免差科。後來使唐世顛覆的王仙芝，黃巢便是大的私鹽商人。他們大體上，都是有武裝的。所以武宗在大赦令中，把江湖私鹽商人，當作劫賊，不包括(36)在赦免之列。

(1)唐會要九三，諸司諸色本錢上，武德元年設。

(2)參閱唐會要九三，卷廿七，行幸亦「每頓取官錢一百千，作本取利」以供，可見本錢之濫設。

(3)唐會要八三。

(4)兩京新記。

(5)舊唐書，韋安石傳。

(6)同註四「常與朝貴遊往，因是勢傾中外。」

(7)唐會要八五，定戶等第，開元十八年勅「天下戶等第未平，升降須實。比來富商大賈，多與官吏往還，遞相憑囑，求居下等」。

(8)舊唐書，一〇一，辛替否傳「公府補受，罕存推擇，遂使富商豪賈，盡居纓之地，鬻伎行巫，皆居膏腴之地」。關於貴族官吏，經營商業，食貨第一卷六期唐代官僚地主的商人化，材料搜集尙多，可參閱。

(9)參閱太平廣記寳類諸節。

(10)前書，四〇二，鬻餅胡，引原化記。

(11)李義山雜纂之語。

(12)全唐文七二，禁與蕃客交關詔及唐大詔令七二，乾符二年南郊赦文。

(13)資治通鑑，代宗紀十四年七月條。

(14)太平廣記三四六，孟氏引瀟湘錄：「維揚萬貞者，大商也，多在於外運易財寳以爲商。」元氏長慶集廿三，估客樂「估客無住著，有利身則行，出門求火伴，入戶辭父兄，父兄相教示，求利莫求名，求名莫所避，求利無不營，火伴相勒縛，賣假莫賣誠。交關但交假，本生得失輕，自茲相將去，誓死意不更，亦解市頭語，便無鄉里情。」

(15)前書，三五四，徐彥威引稽神錄，參閱「求珠駕滄海，採珠上荆衡，北買黨項馬，西擒吐蕃鸚，炎州布火浣，蜀地錦織成，越婢脂肉淨，奚僮眉眼明。」（見估客樂）

(16)(17)唐會要，八四。參閱太平廣記，二十四，劉清眞引廣異記「唐天寳中，有劉清眞者，與其徒二十餘人，於壽州作茶，人致一䭾爲貨，至陳留遇賊。」

(18)唐會要八四，開成二年，薛元賞奏「泗口稅場應是經過衣冠商客金銀羊馬，斛斗，見錢，茶鹽綾絹等一物已上並稅。」太平廣記，十九，韓滉引，神仙感遇傳「有商客李順，泊舟於京口堰下。」二四四，安重霸引北夢瑣言，有「簡州油客」之記述。

(19)元稹估客樂詩，太平廣記一七二崔碣，引唐闕史「河南估客王可久者，膏腴之室，歲鬻茗於江湖間，常獲豐而歸。」八六，杜晉賓引稽神錄「以賣藥爲業，嘗有客。自稱豫章人，恒來市藥，未嘗還直。」

(20)唐會要，八六關市。

(21)唐律疏義四，平贓者疏。釋文云，「收藏貨物謂之邸，賣之處謂之店。」律令上，雖然這樣解釋，現在還未看到唐代有近於宋代的「塌房」的東西。多數的邸店都是買賣貨物的。參閱太平廣記十六，張老引續玄怪錄「往揚州北邸，王老者方當肆陳藥。」在唐代專收納旅客的，稱爲客舍，不過也有稱爲「店」的。例如太平廣記二四三竇義引乾䐉子「西市秤行之南……遂度造店二十間，當其要害，日收利數千，甚獲其要。店今存焉，號竇家店」，參閱長安志八，東市「四面立邸。四方珍奇皆所積集。」兩京新記，東都豐都市，「邸凡三百一十二區。」

(22)元氏長慶集二三，估客樂。清乾隆末之商賈便覽轉錄之江湖必讀說客，迎客諸條，可與此詩參考。關於商客與邸店（牙行）的關係，今古奇觀明嘉靖間的徐老僕義憤成家很可參考。

(23)太平廣記二二〇，王布引酉陽雜俎。大概商客的貨物也許寄存在邸店中，所以小說旅中會有人鑲寶寄物一車。（見前書三六二武德縣民引紀聞）也許爲商客代賣到一定時間，商客來收貨價，所以久居的商人常「暫出以維理南北貨財」（見前書，三四六，鄭紹引瀟湘錄）。

(24)唐會要八四，舊唐書四九，食貨志。

(25)唐會要八九，舊唐書，四八，食貨志。參閱冊府元龜五百。開皇十年，「下惡錢之禁。京師及諸州邸肆之上。皆令立榜置樣爲准，不中樣者，不入于市。」開皇十八年「令有司括天下邸肆見錢非官鑄者皆毀之。」

(26)舊唐書，九，開元廿九年「禁九品以下清資官置客舍，邸店車坊。」全唐文八一，宣宗禁公主家邑司擅行文牒勅「應公主家有莊宅邸店，宜依百姓例差科」。

(27)見前節莊宅使下所引諸節。

(28)全唐文七八，會昌五年加尊號後郊天赦文。

(29)參閱加藤繁，車坊二就イテ（東洋學報十五卷一期）。

太平廣記，三八五，辛察引河東記，「（太和四年）其所居之西百餘步有一力車傭載者……叩之，車者出曰，夜已久，安得來耶？察曰有客要相顧載錢至延平門外，車者諾」。

(30)太平廣記二三，馮俊，引原化記「唐貞元初廣陵人馮俊以傭工資生，多力而愚直，故易售。常遇一道士，於市賣藥，置囊重百餘斤，募能負者，當倍酬其直」以下又述及雇船。三〇，翟乾祐引酉陽雜俎，「富商大賈，力皆有餘，而傭力負運者力皆不足，雲安之貧民，自江口負財貨以給衣食者衆矣。余寧險灘波以贍傭負，不可利舟楫以安富商」。

(31)太平廣記四〇，賀知章，引原化記，「錢貫」卽穿錢的細繩。

（32）前書八五，李客引野人閒話。這是一篇敘述賣仙丹的故事。

（33）參閱唐會要九三，諸司諸色本錢上諸節。

（34）唐會要八六市「大曆十四年七月令王公百官及下長吏無得與人爭利。先于揚州至邸肆貿易者罷之。」參閱太平廣記四〇四，肆壓巾引酉陽雜俎『高瑀在蔡州，有軍將甲，知迴易，折欠數百萬，迴之外縣。去州二百餘里』。

（35）全唐文，七八，會昌二年加尊號赦文。

（36）前書同卷五年赦文。

二　櫃坊飛錢與便換之出現

一般商客，在邸店內交易所得的貨幣，或準備購貨的貨幣，大概都存在邸店裏，或邸店主人代為保管，或獨鎖一室。

開元初……三衛入京賣絹，……有白馬丈夫來買，直還二萬，不復躊躇，其錢先已鎖在西市……三衛得錢，數月貨易畢。（1）

商客們，也許利用獨立的代人保管錢物的櫃坊。（2）櫃坊以櫃租與他人，而收相當的保管費，這種營業，據想或許是自邸店中逐漸分離出的一種營業。大概在安史亂前後，就已然很發達，所以德宗爲籌措軍費，曾特對僦櫃質庫借四之一，得錢二百萬貫。(3)

有櫃坊代人保管錢物，則錢主在交易時，就能免去移轉現貨幣的麻煩。下引一文，將這種事實表現得很明白。

準咸通十四年十月九日敕文處分關節取本身値財，素來貧無亦多舉債。祇緣從來赦文，未甚分明，賞罰若行，必當止絕。自今以後，有入錢買官，納銀求職，敗露之後，言告之初，取與同罪，卜射無捨。其錢物等並令設官，送御史台以贓罰收管，如是波斯番人錢，亦準此處分。其櫃坊人戶，明知事情，不來陳告，所有物業，並不納官，嚴加懲斷，決流邊遠。(4)

櫃坊以外，代人存錢物的也很多，如寺院，店鋪：

時京師里閭區肆所積多方鎮錢，如王鍔，韓宏，李惟簡，少者不下五十萬貫。(5)

牛生自河東赴舉……至菩提寺……僧喜曰，晉陽常寄錢二千貫文在此，絕不復來取。(6)

（天寶末）王云是五十年前來茯苓主顧，今有二千餘貫錢在藥行中。(7)

大概存在櫃坊或店鋪等處的錢，持帖（8）或某種信物（9）前去提取，則櫃坊店鋪，立卽照付來人。這樣使有錢的商人作大量的交易時，無需支付現貨幣，只要用支票式的東西卽可完成。同時，領錢人，似亦無需領取現貨幣，只要櫃坊改換一新戶名，也就完了。

大量的移轉，存積貨幣，大概都集中在櫃坊，所以前引詔令在禁止鬻官時，特別的對櫃坊規定了一條。

一個地方的交易，因有櫃坊一類的店鋪，無須每次都移轉現貨，自然使交易更加便利，兩地的大量交易，要不移轉現貨幣。（10）或改買他貨帶回，則又有待於另一種東西，名爲飛錢，也名爲便換。（11）實際上，都是一種近於匯票性質的東西。

有士鬻產於外，得錢數百緡，懼以川途之難賫也，祈所知納錢於公藏，而持牒以歸，世所謂便換者。（12）

憲宗以錢少，復禁用銅器，時商賈至京師，委錢諸道進奏院及諸軍諸使富家，以輕裝趨四方，合券乃取之，號飛錢。（13）

初期經營這種業務的，在官府方面便是上述諸種機關，這是由於唐中葉以後，諸道，諸軍對皇帝有所供奉同時，各道各使在京中的賄賂運動都使他們在京必須存有許多錢物，所以他們需要商人在京繳錢，到各地支錢，這樣，可以免卻他們運輸錢幣的繁費與違禁。

私家經營便換的，據想是當時那些邸店遍海內的富商或京師大放債家。前者，各地分店的收入，需要規聚在總店，後者，債戶散居各地，(14)與商人便換，可使商人到各地代索債款。

便換的結果使錢幣屯積起來，市面上，流通的貨幣額日益減少，於是物價低落，官府爲使貨幣流通，毅然禁斷便換：

元和六年……茶商等公私便換見錢，並須禁斷(15)

但是禁斷便換，仍不能使貨幣流通，屯壅如故，國家財庫反因不便換而無見錢支出。所以官府想獨占便換以省卻由各地運輸稅錢到京師的煩費：

元和七年戶部王紹，度支盧坦，鹽鐵王播等奏伏以京都時用，多重見錢，官中支計，近日殊少。蓋緣比來不許商人便換，因茲家有滯藏，所以物價轉高，錢多不出，臣等今商量伏請許令商人於三司任便換見錢，一切依舊禁約，伏以比來諸司諸使或有便商人錢，多留城中，逐時收貯，積藏私室，無復流通，伏請自今已後，嚴加禁約。(16)

在官府設法獨占便換過程中，曾犧牲了匯費的徵取，以打倒私家：

度支戶部鹽鐵等使奏先令差所由招召商人，每貫加饒官中一百文換錢，今並無人情願，伏請依元和五年例，敵貫與商人對換，從之。(17)

官府，儘管犧牲，仍然不能獨占了「便換」事業。十年後，又下令：

長慶元年六月詔：公私便換錢物，先已禁斷，宜委京兆府，切加覺察。(18)

戶部度支鹽鐵經營的便換，反時時發生弊端。

咸通八年十月戶部判度支崔彥昭奏當司應收管江淮諸道州府，今年已前兩稅榷酒諸色屬省錢，准舊例逐年商人投狀便換，自南蠻用兵以來，置供軍使，當司在諸州府場院錢，猶有商人便換，齎省司便換文牒，至本州府請領，皆被諸州府稱准供軍使指揮占留，以此商人疑惑，乃致當司支用不充，乞下諸道州府場監院依限送納及給還商人，不得託稱占留，從之。(18)

（1）太平廣記，三百，三衞，引廣異記。所謂鑲在西市，或卽云鏹在西市某一邸店，或一櫃坊。

（2）參閱加藤繁唐宋櫃坊考（師大月刊一卷二期）。

（3）舊唐書，十二，建中三年四月甲子，及卷一三五盧杞傳。

（4）唐大詔令，七二，乾符二年，南郊赦文。文中指出放債的人們，鬻官的人們，買官的人們的錢，都是由櫃坊保管的。

（5）唐會要八九，元和十二年。

（6）太平廣記三四八，牛生，引會昌解頤錄。

（7）太平廣記廿三，張李二公引廣異記。

（8）參閱註二引文。

（9）如註七引文卽以破蓆帽爲信物。與前一段故事，很相似的盧李二生故事，則以拄杖爲信物。（太平廣記十七引逸史）十六，張老引續玄怪錄，亦以破蓆帽爲信物取錢。

（10）產生或助成便換制度的他種原因，除各地稅場過多，稅賦繁重外，當卽各地禁止見錢出境，唐會要八九，大曆十四年。「鹽鐵使李若初奏請諸道州府多以近日泉貨數少，繒帛價輕，禁止見錢，不令出界，致使課利有缺，商賈不通，請指揮見錢任其往來，勿使禁止，從之。」卽其一例。

（11）唐會要，八七，元和七年王播「奏商人於戶部度支鹽鐵三司飛錢，謂之便換」。

（12）因話錄卷六。

(13)新唐書，食貨志。

(14)如資治通鑑二四三，「自大曆以來，節度使多出禁軍，其禁軍大將資高者，皆以倍稱之息，貸錢於富室，以賂中尉，動逾數萬」，及唐會要九二，內外官料錢下會昌元年「選人官成後，皆於城中舉債，到任塡還。」

(15)唐會要八九，泉貨。

(16)舊唐書，四十八，食貨志。唐會要，八九，泉貨「不許商人便換」作「使換」「便商人錢」作「使商人錢。」冊府元龜五〇一，文同舊唐書。

(17)冊府元龜五〇一。

(18)唐會要五九，在註裏，應附帶的提及飛錢，便換就是宋代的「兌便」之先驅。不過宋人有名飛錢便換爲「鈔錢」者：事物紀原十，兌便云：「唐食貨志曰：憲宗時商賈至京師，委錢諸道富家，以輕裝趨四方，合券乃取之，號飛錢，京師尹裴武禁之。盧坦請許商人於三司飛錢，每十增給百，令大府給公據，次以字號兌便，如盧坦請曰鈔錢，蓋飛錢之舊也，起於憲宗之世。」

三　高利貸之發展

在唐代，高利貸，大體上可分爲三種：一種是質，與現在的當鋪相同。當時稱之爲收質，納質，質庫。

另一種是舉也稱爲出舉舉放，這是一種信用放款，不必有什麽擔保物品。第三種是質舉。這是一種須提供擔保物品的放款。與單純的「質」的不同處，是「質」將「擔保品」交放款人保管，而質舉仍由借款人營管。

官府對於這幾種高利貸都採取放任主義，也不特別保障放款人，不過對於債務人，則有些保障。禁止超過法令的利率，禁止複利，嚴行一本一利主義。對於債務人所提供的保證或抵押物品，都有相當的保障：

諸公私以財物出舉者，任依私契，官不爲理。每月收利，不得過六分。積日雖多，不得過一倍，若官物及公廨本利停訖，每過五十日，不送盡者，餘本生利如初，不得更過一倍。家資盡者，役身折酬，役通取戶內男口。又不得迴利爲本。（其放財物爲粟麥者亦不得迴利爲本，及過一倍）若違法積利，契外掣奪，及非出息之債者，官爲理。收質者，非對物主，不得輒賣，若計利過本不贖者，聽告市司對賣，有剩還之。如負債者逃，保人代償。

諸以粟麥出舉，還爲粟麥者，任依私契，官不爲理，仍以一年爲斷，不得因舊本更令生利，又不得迴利爲本。

諸出舉，兩情和同私契，取利錢過正條者，任人糺告，利物並入糺人。（1）

契外及強掣奪者有罰：

公私債負違契不償，應牽掣者，皆聽告官司聽斷。若不告官司，而強牽掣財物，若奴婢畜產過本契者坐贓論。（2）

唐代的家族，是採家長制的，所以子孫弟姪擅質舉者無效：

諸家長在（在謂三百里內，非隔關者）而子孫弟姪等，不得輒以奴婢六畜田宅及餘財物，私自質舉，及賣田宅。（無質而舉者亦准此）其有質舉賣者，皆得本司文牒，然後聽之。若不相本問，違而與及買者，物卽還主，錢沒不追。（3）

以上都是開元間的命令。關於質舉的利率，大體上，是逐漸降減，唐初最高，到唐末就很低了。現在以公廨本錢所要求的利率來說明，不過要注意，唐代法令中規定，官本的利率，例比民本稍高一點，例如下：

開元十六年二月十六日詔比來公私舉放，取利頗深，有損貧下事須釐革。自今已後，天下貸舉，祇宜四分收利，官本五分收利。(4)

公廨本錢的利率，武德貞觀間，都超過年利百分之百：

（武德）所主纔五萬以下，市肆販易月納息錢四千文。(5)

（貞觀）大率人捉五十貫已下，四十貫已上，任居市肆，貸其販易，每月納利四千，一年凡輸五萬。(6)

開元初年的利率，是年七分：

五千之本七分生利，一年所輸四千二百，兼算勞費，不啻五千。(7)

開元十八年規定的利率，是月利百分之六十：

藉一歲稅錢，爲本以高下捉之月收贏以給外官。復置天下公廨本錢，收贏十之六(8)

開元末年的利率，是月五分：

凡京司有別借食本（……皆五分收利）（凡質舉之利，收子不得踰五分，出息債過其倍，若回利

充本，官不理）。(9)

長慶會昌間，皆逐月四分收利：

長慶三年十二月九日勅賜諸司食利本錢，共八萬四千五百貫文，四分收利。(10)

會昌元年……量縣大小各置本錢，逐月四分收利。(11)

公廨本錢的利率，是不能當作一般的利率來看的，不過由牠的利率的遞減情況來看，至少可指明當時一般的利率，也是遞減的。法定利率的規定，固然不免有社會政策的意義，但事實上，恐怕也離不開當時的實際狀況，大量的放款，利率當與法定利率相等或稍下一點。自然也不能沒有超過法定利率的放款，尤其是資本不易通融的鄉村，有時竟有百分之幾百的利率：

貞元中，蘇州海鹽縣有戴文者，家富性貪，每鄉人舉債，必須收利數倍。有鄰人與之交利，剝刻至多。(12)

經營高利貸的人們，由前述各節看去，可以說官府是其中之一。捉錢令史，便是官府的債戶。不過捉錢令史，除經營商業以外，也有經營高利貸的，例如：

乾元元年勅長安萬年兩縣各備錢一萬貫，每月收利……配納質債戶(13)

寶應元年勅諸色本錢……揀擇當處殷富幹事者三五人，均使翻轉迴易，仍放其諸色差遣(14)

(元和十一年勅)近日訪聞商販富人投身要司，依託官本，廣求私利，可徵索者，自充家產，或逋欠者，證是官錢……今請許捉錢戶添放私本，不得過官本錢，勘責有剩，並請沒官。(15)

另一種經營高利貸的，便是貴族，官吏：

諸王公主及宮人不得遣親事帳內邑司客部曲等在市興販及邸店沽賣者出舉(16)

開元十五年七月二十七日，勅應天下諸州縣官寄附部人興販及部內放債等，竝宜禁斷。(17)

天寶九載十二月勅郡縣官寮，共爲貨殖，竟至放債侵人，互爲徵利，割剝黎庶。(18)

籍其家(太平公主)財貨山積，珍奇寶物，侔於御府，馬牧羊牧田園質庫，數年徵斂不盡。(19)

如聞朝列衣冠，或代承華胄，或在清途，私置質庫樓店，與人爭利。(20)

其次便是富商大賈。他們放債的對象，是達官貴人：

有左神策軍吏李昱假長安富人錢八千貫，三歲不償。(21)

選人官成後，皆於城中舉債，到任塡還，致其貪求，罔不由此。(22)

自大曆以來，節度使多出禁軍，其禁軍大將資高者，皆以倍稱之息貸錢於富室，以賂中尉，動逾數萬。(23)

再一種高利貸者，便是蕃人：

頃者京城內衣冠子弟諸軍使並商人百姓等，多舉諸蕃客本錢。(24)

寺院及僧徒，更承前代，便是經營高利貸者。(25)

在鄉村中，唐中葉以後，有了「印子錢」式的放款的紀錄。(26)高利貸業者，刻削到極點，使自己得了「鑰匙」的綽號。

隴右水門村，有店人曰劉鑰匙者，不記其名。以舉債爲家業，累千金，能於規求，善聚難得之財，取民間資財，如秉鑰匙開人箱篋帑藏，盜其珠珍不異也，故有鑰匙之號。(27)

(1)並見唐令拾遺八五三——五五頁，高利貸的契約，敦煌掇瑣中輯不少。參閱全唐文六三，元和十四年上尊號赦文「京城內私債本因富饒之家，乘人急切，終令貧乏之輩，陷死逃亡，主保既無資產亦竭，徒擾公府，無益私家，應在城內有私債經十年已上，本主及原保人死亡，又無資產可徵理者，宜並放免。」唐大詔令八六，咸通八年德音「如聞府縣禁人或緣私債及錮身監禁，遂無計營生，須有條流，俾其存濟，自今日以前，應百姓舉欠人債，如無物產抵當及身無職任請倖，所在州縣及諸軍司，須寬與期限，切不得禁錮校料，令其失業，又輒不得許利上生利，以及迴利作本，重重徵收。」

(2)唐律疏議廿六，負債強牽掣畜產疏。

(3)同註一。參閱唐會要，八八，雜錄。元和五年勅。

(4)唐會要八八，雜錄。

(5)前書九三。

(6)(7)前書九一。

(8)前書九三。

(9)唐六典六比部註。

(10)(11)唐會要九三。

(12)太平廣記四三四，戴文，引原化記。

(13)唐會要九三。此處的「納質」當卽「提出質物」之意。

(14)(15)同前，公廨本錢，也許存在店鋪，店鋪，也要出利息。前書同卷「大曆六年三月勅軍器公廨本錢三千貫文……宜於數內，收一千貫文，別納店鋪課錢，添公廨收利雜用。」

(16)唐令拾遺，八五七頁。參閱舊唐書七八，高季輔傳「公主之室……勳貴之家，放息出舉，追求什一」。

(17)唐會要，八八雜錄，參閱舊唐書一六三，崔元略傳。

(18)唐會要六九，縣令。

(19)舊唐書，一八三，武承嗣傳。

(20)全唐文七八，會昌五年，加尊號後郊天赦文。

(21)唐會要六七。

(22)前書九二，會昌元年。

(23)資治通鑑二四三。

(24)全唐文書七二，文宗柔與蕃客交關詔。

(25)寺院經營質庫的紀錄，首見於南北朝之齊初，（見南齊書廿三，褚澄傳。）唐代寺院經營出舉的，可參閱南京新紀「化度寺，寺內有無盡藏院，即信行所立，京城施捨，後漸轉盛。貞觀之後，錢帛金繡積聚不可勝數，常使名僧監藏，供天下伽藍修理……燕涼蜀趙咸來取給。每日所出亦不勝數，或有舉便亦不立文約，但往至期還送而已。」

(26)日文史學雜誌四二卷十期唐宋時代債權擔保引大曆十六年一舉錢契券，舉錢一千，每月納二百文，計六個月本利並還。

(27)太平廣記一三四，劉鑰匙引玉堂閒話。

四　行會工業與雇傭工匠

唐代的工業，除家庭中未與農業分離的手工業以外，行會或作坊工業，是一種較普通的形式。「行」除去是商店名稱以外(1)有兩種意義，一種是地域名稱，如長安洛陽兩市的街巷，即名為行。在一街，如「秤行」開鋪肆的，多半是造秤的或賣秤的。長安西市市署前有大衣行，行中就有鬻衣之肆。「行」的另一種意義，是職業的分類，如織錦行，金銀行，伍作行。(2)不過同職業的店鋪，都有一種組織，所以「行」也是同類店鋪的組織。

唐代聚集在都市中的工業店鋪，便是組成「行」的，有的在一條街上工作，多數是散居在各處。這種店鋪的名字，當時通常叫做坊或鋪。

唐文德……鉅鹿郡，南和縣街北有紙坊，長垣悉曬紙(3)

有刁蕭者，攜一鏡，包碧體臺，背有字曰碧金仙。大中九年銅坊長老白九峯造。(4)

遂詣一染坊，丐得池腳一瓶子。(5)

如聞坊巷之內開鋪，寫經，公然鑄佛。(6)

坊鋪就是工匠們工作的地方也是他們賣貨的地方。自然他們也上市賣貨，例如下：

唐薛昭緯……就肆買鞋，肆主曰秀才腳第幾。(7)

揚元英，則天時爲太常卿，開元中亡已二十載。其子因至冶成坊削家，識其父壙中劍，心甚異之。問削師何得此劍？云有貴人……將令修理。(8)

長安完盛日有一家於西市賣飲子，用尋常之藥，不過數味，亦不閑方脈，無問是何疾苦，百文售一服，千種之疾，入口而愈。常放寬宅中，置大鍋鑊，日夜剉斫煎煮，給之不暇，人無遠近，皆來取之，門市駢羅喧闐京國，至有守門五七日間，未獲給付者。(9)

經營這種坊鋪的，就是所謂削師，染師，(10)長老之類的人物，他們是店東，也是師傅，在他們指揮之下，有幾個工人與徒弟，工人是已經出了徒的人們，他們一同工作，一同食息。

對於這種工業，自其坊鋪看去，可名之爲作坊工業。自他們都組成行來看，可名之爲行會工業，大概每行都有特定的行規，有行頭，在祭神或與官府有交涉時，行頭可作代表。

行會工業發展的結果，使許多工人在已經出徒以後，無資本開設新作坊，或不能（11）與舊作坊競爭，只有一部份跑到新興起的商人資本家開設的大手工業工廠去作定額工資的工作：

唐定州何明遠大富，主官中三驛，每於驛旁起店停商，專以襲胡爲業，貲財巨萬，家有綾機五百張。（12）

上都通化門長店，多是車工之所居也。廣備其財，募人集車，輪轅輻轂，皆有定價，每治片輞，通鑿三竅，懸錢百文，雖敏手健力器用銳利者，日止一二而已。有奚樂山者，攜持斧鑿，詣門自售，視操繩墨頗精，徐謂主人曰，幸分輞材，某當併力。（13）

另一種工匠，則擴充了歷來的雇傭工匠的隊伍。雇傭工匠的生活狀況，韓愈之圬者王承福傳，說得很詳盡。貧窮到極點的工匠，也不得不行乞：

廣陵有木工，因病手足皆攣縮，不能復持斤斧，扶踊行乞。（14）

在都市中的雇傭工匠，便不得不團結在包工的作頭手下，受他的剝削。柳宗元梓人傳，便將這種剝削的關係，表現得很清楚。不在都市，便不得不到處流浪，以求工作：

築錢百萬，募畫工，自汴、滑、徐、泗、揚、潤、潭、洪及天下畫者，日有至焉。(15)

至長山縣界古縣村郭家宿，主人鍛工，本是沛州人。(16)

盧氏子不中第，徒步出都城門東。其日風寒甚，且投逆旅。俄有一人續至，附火良久……曰姓李。世織綾錦，離亂前屬東都官錦坊織宮錦巧兒，以薄技投本行，皆云如今花樣與前不同。不謂伎倆兒以文綵求售者，不重於世，且東歸去。(17)

在這裏，應附帶的提及水碾磑，水碾磑是唐代最發展的碾米製粉工業，王公百官，都努力的追求水碾磑，(18) 官府也禁止官吏置碾磑與人爭利。(19) 貴族水碾磑之多者，可以高力士爲代表。

力士資產殷厚，非王侯所擬……於京西北截澧水作碾，並轉五輪，日破麥三百斛。(20)

水碾磑與都市中的麩行，(21) 碾磑，是兩種大的製粉碾米工業。

(1)參閱加藤繁唐宋以後商人組織之行（見新生命二卷一號）綜觀唐人小說，兩京兩市，行之得名，是由於街巷上浮麗之種類，與街巷上的店鋪，似沒有什麼關係，加藤繁說在行以外，亦有開設店鋪的，行以內，亦有不是本行的店鋪云云，似未注意到浮攤的重要性。直到宋代，開封，杭州的市，主要的，還是由於浮攤而得名。不過關於這一點，還需要詳細的證明，暫從加藤繁說。

(2)太平廣記一七二，殺妻者，引玉堂閒話「遍勘在城伍作行，令各供通近來應與人家安厝墳墓多少去處文狀」所謂伍作行，類似今日北平之槓房。唐代長安的槓房，多集中於豐邑坊，(見兩京新記及長安志八)有很好的唱輓歌的(太平廣記四八四，李娃傳)五代時，稱之爲「假賃行人」，「舁作行人」，(見五代會要八，喪葬上。)

(3)三水小牘上。

(4)清異錄下。

(5)太平廣記二一九，田會孜引玉堂閒話。

(6)全唐文二六，玄宗禁坊市鑄佛寫經詔參閱卷九，太宗斷賣佛像勅。

(7)太平廣記二五二，薛昭緯引北夢瑣言。

(8)前書，三三〇，揚元英引廣異記。

(9)同註五

(10)前書，三九〇，武夷山引稽神錄，「潤州朝京門染師。」

(11)自然，官吏之侵漁，也應是一種原因，參閱唐大詔令八二，儀鳳二年申理冤屈制「或於所部，類倩織作少付絲麻，多要絹布。或營器物，耕事田疇，役卽伍功，顯無牛直。」

⑿太平廣記二四三，何明遠引朝野僉載。宋代開封的官綾錦院綾機亦不過四百張（續通鑑長編，四三，咸平元年三月）。四川的錦院，不過機百五十四，而用挽綜之工百六十四，用杼之工五十四，練染之工十一，紡繹之工百一十（見蜀錦譜序）則有綾機五百張的工場工人至少當在千數上下。

⒀太平廣記八四奚樂山引集異記。在唐代還有一種大規模的奴隸工廠，前書二六九韋公幹引投荒雜錄：「瓊山郡守韋公幹者貪而且酷，掠良家子爲臧獲，如驅犬豕。有女奴四百人，執業者太半。有織花縑文紗者，有伸角爲器者，有鎔鍛金銀者，有攻珍木爲什具者，其家如是日考月課，唯恐不程。」

⒁前書二二〇廣陵木工引稽神錄。

⒂前書四一，里叟引會昌解頤錄及河東記。

⒃入唐求法巡禮行記卷二一三一頁。

⒄太平廣記二五七織錦人引盧氏雜說。

⒅參閱唐會要八九，礦磑，九十，和糴，大中六年，禁京師收儲粟麥，百姓遂以麥造麵入城

⒆唐六典三十，「凡官人不得於部內請射田地及造礦磑與人爭利。」

⒇舊唐書，一八四，高力士傳。

(21)麩行當卽磨麪者，見太平廣記，四三六，張高條引續玄怪錄「麩行王胡家……西市麩行。」東市人引酉陽雜俎「南市

賣麩家欠我錢五千四百文……詣麩行。」這兩處提及的麩行，都是與賣驢有關係的。

五　國家工廠(1)

唐代，國家設立許多工廠。製造官府皇室所需用的物品，統管這些工廠的，在都城中，是少府監，將作監，有時還設立軍器監。在這些機關之下的工廠，有織錦坊，氈坊，毯坊，酒坊，染坊等等在宮庭裏的，有內作或「內八作」，掖庭局等等，他們統屬下，有玉工，綾匠等等。

在各道，官府也設立許多工廠如錦坊，鑄錢坊：

天下不得采用珠玉，刻鏤器玩，造作錦繡珠繩，織成帖絹二色綺綾羅作龍鳳禽獸等異文字及竪欄文者。違者決一百，受雇工匠降一等科，兩京及諸道舊有官織錦坊悉停。(2)

此外，諸冶監，鑄錢監等等，也都設在產礦產的地方。

官工場中，分業分工都比較細密一點。少府監織染署分工如下：

凡織染之作有十。(註：布，絹，絁，紗，綾，羅，錦，綺，繝，褐) 組綬之作有五 (註：組，綬，絛，繩，纓) 紬線之作有四。

（註：紬，線，絃，網）練染之作有六。（註：青，絳，黃，白，皂，紫）（3）

前舉之東都官錦坊織錦巧兒便是織紝十作中一作的巧兒。

官工廠中所用的工人，初期，大體上，以蕃匠為主。所謂蕃匠，是唐代在工作貿易的工戶中，選擇材力強壯，功能技巧的，使他們提供徭役於官工場，在提供徭役的時候，官府將他們分蕃，即分班，每班到工場中工作二十日後，即下番，於是另一班匠人來上番。大概關內的工匠，到京師上番，其餘的，則到諸道州上番。

另一種便是官府雇傭的工匠，名為明資匠，巧兒。

蕃匠若不上番，則納貲以代役，於是某種匠人若應下番，而不下番，即以不上番的匠人們所納的貲，來給他當作工資、這種匠人，叫作長上匠，蕃匠因應役的煩擾，而不願上番，官府因蕃匠的拙劣，而不大願意用他們，都總合起來，使蕃匠成為納貲的匠戶。於是官工場中長上匠，也近於官府雇傭的工匠了，在都城裏，這種由徭役勞動，變成雇傭勞動的變化，大概在安史亂前，就已然近於完成，在戰爭沒有破壞了社會秩序的地方，番匠制度，尚能維持到唐末。例如下：

開成四年閏正月四日，依金正寄請，爲令修理所買船，令都近番。近船工鍛工等三十六人向楚州去。(4)

淮南數州，秋夏無雨，揚洪宣三州作坊，往以軍興，是資戎器，旣屬時歲大歉，慮乎人不寧居。徵夫役工，損費尤甚，務從省約，以息疲人，亦並宜停。(5)

雇傭工匠，流傳到宋代，便是募匠。與募兵合流，募匠也稱爲軍匠。番匠制度，流傳到宋代，便成了「當行。」不過宋代的工匠「當行，」官府也給工資。在官府使他們「當行」時，與番匠之上番的情形，相差不多。

在唐代官工場中，另一種工匠，便是屬於官府的賤民。最低級的，稱爲官奴婢。他們長期在工場工作，較高一點的，是官戶，也稱爲番戶，他們一年三番，更高一點的，是雜戶，二年五番，番皆一月，如果他們不願上番，也可納貲代役。(6)

再另外一種匠人，便是犯徒刑的刑徒。(7)

大概番匠，巧兒之類的人物，都是子承其父的居多。(8)所以，前引之東都官錦坊巧兒，自云

「世隸」官錦坊。

(1)本節及前節與後一節所論各點，可參閱唐宋官私工業（新生命）。

(2)唐大詔令一〇八，開元二年七月，禁奢侈服用敕。舊唐書，食貨志會昌中，每道置鑄錢坊一。

(3)唐六典卷廿二。

(4)入唐求法巡禮行記卷一，九一頁。

(5)全唐文四七，代宗停揚洪宣三州作坊詔

(6)(7)參閱唐六典卷六。

(8)參閱唐六典卷七工部。

六　工業的地理分佈

在唐代，兩京因官府有許多工場，同時是政治中心之所在，人烟輻湊，工商業亦隨之而聚集到這裏，自然使他們也成了工商業的中心。兩京以外，當首推揚州。揚州是造船，(1)絲織業，皮革工業，銅鐵工業(2)的中心。所謂揚州銅鏡，(3)「揚州錦袍，氈帽」(4)都是當時著名的商品。安史亂

後，揚州又是印刷書籍(5)的重要中心，揚州以外，便應推及四川成都了。四川，在唐代絲織業，與商業，特別發展，全國貨幣經濟最發展的地方，當也推四川。所以初唐織造貢進絲織物的(6)與特種有金銀絲的織物的(7)都是四川。中唐以後，錢重貨輕的時節，兩稅改徵現物，對於四川，不能不有特別的規定：

> 如聞兩川稅租，盡納見錢，蓋緣人多機巧，物皆纖麗，凡所織作，不任軍資。所以人轉窮困，俗增侈靡，然以風土所習，頓革稍難，委刺史與縣令商量勸課，有機杼之家，依梁閬州，且織重絹，仍與作三等估，上估一貫一百，下估九百。待此法行後，每年兩稅一半與折納重絹。(8)

成都一帶，在唐代也是一大造紙業(9)中心。官府公文，寫書，往往都限定用益州的麻紙。四川的另一種工業便是鹽業。(10)安史亂後，四川的鹽稅收入也引起了政府的注意，不過四川的鹽井，有時官府利用刑徒的無償勞動來自己經營(11)與其他地方有鹽戶，鹽屯，多少不同一點。

河南西南部，是產銀銅的礦區，在這裏設有洛源監。(12)這裏的磁器(13)在唐代，極爲馳名。山西，是鐵的出產地。中唐而後，鐵錢極通行，太原的銅器，絳州的墨，蒲州之紙，都是貢品。(14)採煤業也

很發達。(15)

河北定州，在唐代是一大絲織地，據通典卷六，全國各州郡貢絲織物的，在數量上，以定州爲第一。品質則爲第四。唐代各州的貢品，據令文，是隨土所出，以官物市充，貢物數量之多，就可證明這裏絲織業的發達，至於牠是否與前節指出的，定州有大的商業資本家開設的手工業工廠有關係，是一個很值得考慮的問題。

河北邢州的磁器，(16)自唐代始，便很馳名，易州墨的聲威，(17)自唐代到宋代，始終得以保持着，這大概是由於附近太行山中，有許多松林，因爲北方墨是用松烟的。

蔚州飛狐縣，是一大採銅與鑄錢的地方，開元中設十爐，旋設五十餘爐，利用拒馬河水，以水力鼓風鍊銅銷銅。(17)按照唐代的規定，每爐丁匠三十，則鑄錢工人，在全盛時代，當有千五百人。採銅，鍊銅有多少人呢？現在尚不知道。

山東萊蕪是一採鐵工業地域。(18)自漢代到宋，都未停止過。青州則絲織業較盛。登州是造船工業的根據地，南部則是本炭產地。

江蘇南部，安徽的江東部份，江西東北部，與浙江西北部，在唐代，一方面是虎暴劇烈之所，另一方面，也是礦業開發較盛，造紙業開始興隆的地方。唐代貢紙的，有杭、婺、衢、越等州之上細黃白狀紙，宣、衢等州之案紙。(19) 銅銀鐵礦，據新唐書食志貨「陝、宣、潤、饒、衢、信五州，銀冶五十八，銅冶九十六，鐵山五，錫山二，鉛山四」，鑄錢爐，開元中，潤宣各十爐，每爐歲鑄三千三百緡。開元以後，宣州之梅根監，宛陵監，歲鑄五萬貫，銅礦在南陵縣的利國山。(20) 饒州的永平監，元和中，每歲鑄錢七千貫，銀山每歲出銀十萬兩，(21) 收稅山銀七千兩。在安史亂前，延和中，銀山的採戶，已然逾萬。(22) 信州，有鹽鐵院，也鍊銀。(23) 自唐初，這一帶地方，與湖南的郴潭，便是私鑄錢幣最盛的地方。(24) 饒州浮梁的磁器，武德中即已著名，設有陶務。(25) 勾容有一官立的大銅器場。(26)

湖南的彬州，是銀礦銅礦的所在地。(27) 湖南西南部，則是採水銀與珠砂的地方，(28) 廣西的桂林，是一鑄錢監所在地，同時，(29) 也是一大木棉布的集散地。唐代盛行的桂管布，(30) 斑纈，多半是出在這裏的，到宋代，仍然有很大的銷路。

湖北的襄陽，是著名的漆器出產地，(31) 所謂「襄樣」，(32) 就表明他們的貨品的時髦，在通典中稱之爲「庫路眞」，這是前代鮮卑語的殘跡。

（1）唐語林二「（劉）晏初議造船……置十場於揚子縣。」

（2）（3）通典卷六貢品表，參閱太平廣記二三一，李守泰引異聞錄鑄鏡之神祕。

（4）通典，卷六貢品表，揚州貢錦袍二百五十領，太平廣記，一五七，李敏求（河東記）「此間甚難得揚州氈帽子，他日請致一枚。」

（5）雲溪友議十，「紇干尙書泉苦求龍虎之册十五餘稔，及鎭江右，乃大延方術之士，作劉宏傳，雕印數千本，以寄中朝」。

（6）唐會要五二，貞觀十五年於益州造綾錦金銀等物。

（7）唐舊書五行志，「安樂出降武延秀，蜀川獻單絲碧羅籠裙，縷金爲花，細如絲髮，大如黍米，眼鼻嘴界皆成」。

（8）唐大詔令七〇八，會昌五年赦文。

（9）唐六典，卷二十，太府寺典藏署。

（10）通典十，鹽鐵。

（11）元和郡縣圖志三三，陵州仁壽縣。

（12）前書五河南府伊陽縣銀礦窟在縣南五里，今每歲稅銀一千兩。新唐書，食貨志「麟德廢除陝州銅冶四十八。」

（13）通典卷六。

（14）同前。

(15)入唐求法巡禮行紀卷三，七十頁。「太原府……晉山，遍山有石炭，近遠諸州人盡來取燒。」

(16)唐六典卷三。

(17)元和郡縣圖志十四。

(18)前書，十。

(19)唐六典，卷二十。

(20)(21)元和郡縣圖志二十八。

(22)太平廣記一〇四，銀山老人引報應紀。

(23)前書七三，鄭君引逸史「貞元中鹽鐵信州院，庭鍊礦次計銀數萬兩。」

(24)唐會要八九，泉貨。

(25)江西通志陶政，關於唐代磁器產地，參閱陸羽茶經中「甌越州上，鼎州次，婺州次，岳州次，壽州洪州次，或者以邢州處越州上。」蜀亦出瓷器，杜甫有大邑瓷詩可證。

(26)洞天清錄集。

(27)元和郡縣圖志廿九。

(28)唐六典廿。

(29)同註廿七，參閱新唐書，食貨志。

(30)太平廣記，一六五，夏侯孜引芝田錄「夏侯孜爲左拾遺，嘗着綠桂管布衫朝謁，開成中，文宗無忌諱，好文，問孜衫何太麤澀，具以桂布爲對，此布厚可以欺寒……上嗟嘆久之，亦傚著桂管布，滿朝皆倣倣之，此布爲之貴也。」

(31)通典卷六，「貢五盛碎古文庫路眞二具，十盛花庫路眞二具。」唐六典三，襄州貢烏漆碎石文漆器。

(32)容齋隨筆四筆，八卷，庫路眞條「新唐書地理志襄州土貢漆器庫路眞二品花文五乘庫路眞者漆器也。然其義不可曉。元豐九域志云，貢漆器二十事，是以于頔傳頔爲襄陽節度，襄有髹器爲天下法。至頔驕蹇，故方帥不法者，稱爲襄陽(樣)節度。」國史補，中「襄州人善爲漆器天下取法謂之襄樣。及于司空頔爲帥，多酷暴，鄭元鎮河中亦虐，遠近呼爲襄樣節度。」

附註　關於唐代各地工業品及其他產物的種類名稱，可參觀通典卷七，唐六典卷三。舊唐書一〇七韋堅傳：

「奏請於咸陽擁渭水，作興成堰，截灞滻水，傍渭東注，至關西永豐倉下與渭合，於長安城東九里長樂坡下，滻水之上，架苑牆東面，有望春樓，樓下穿廣運潭，以通舟楫，二年方成。堅預於東京汴宋，取小斛底船三二百隻，置於潭側。其船皆署牌表之，若廣陵郡船，即於栿背上堆積廣陵所出錦鏡銅器海味，丹陽郡船，即京口綾衫段，晉陵郡船，即折造官端綾繡，會稽郡船，即銅器，羅，吳綾，絳紗，南海郡船，即瑇瑁，眞珠，象牙，沉香，豫章郡船，即名瓷，酒器，茶釜，茶鐺，茶椀，宣城郡船，即空青石，紙，筆，黃蓮，始安郡船，即蕉葛，蚺蛇膽，翡翠，船中皆有米，吳郡即三破糯米，方丈綾……。」

第六章　財政制度（上）

一　租庸調

唐代在安史亂前財政上的主要收入，是按丁規定的租庸調。武德初年規定「每丁租二石，絹二丈，綿三兩自茲以外不得擅有調斂。」（1）六年規定：「以始生爲黃，四歲爲小十六歲爲中，二十一爲丁，六十爲老。」（2）由二十一至六十，就是租庸調的負擔人的年齡限制。至武德七年，徵收租庸調的命令，更加詳細規定：

每丁歲入粟二石，調則隨土所產，綾絹絁各二丈，布加五分之一輸綾絹絁者，兼調綿三兩。輸布者麻三觔。凡丁歲役二旬若不役則收其傭每日三尺。有事而加役者，旬有五日免其調，三旬則租調俱免，通正役不得過五十日。若夷獠之戶，皆以半稅。（3）

開元間，調布改爲二丈五尺。(4)同時，北方的農業已有相當的發展，江南粗米，運輸到京都，運輸費，已超過了租米本身的價格。而租米運輸腳價，又例出於百姓身上，這也不啻增加了江南百姓的擔負，於是規定「江南諸州租，竝迴納造布。」(5)不過，「折布」的規定，已然不是純粹以丁來計算的，而是參加上戶等，卽貧富的差別的規定。

庸雖主體是徭役勞動，但政府爲圖增加稅收，竭力縮減各官府的色役，以圖增加庸的折成現物。(6)

天寶年間，租庸調的收入總數，據杜佑的估計如下：

課丁八百二十餘萬。其庸調租等約出絲綿郡縣計三百七十餘萬丁，庸調輸絹約七百四十餘萬疋（每丁計兩疋），綿則百八十五萬餘屯。（每丁三兩，六兩爲屯，則兩丁合成一屯。）租粟則七百四十餘萬石。（每丁兩石）約出布郡縣計四百五十餘萬丁：庸調輸布約千三十五萬餘端。（每丁兩端一丈五尺，十丁則二十三端也。）其租，約百九十餘萬丁，江南郡縣折納布，約五百七十餘萬端（大約八等以下戶計之，八等折租，每丁爲率，三端一丈，九等則二端二丈，今通以三端。）二百六十餘萬丁，江北郡縣納粟約五百二十餘萬石。(7)

租庸調諸種擔負，按照法令的規定，是有許多人可免除的。

諸任官應免課役者，皆待蠲符至然後注免。符雖未至，驗告身灼然實者，亦免其雜任。被解應附者，皆依本司解時日月據徵。諸春季附者，課役並徵。夏季附者，免課從役，秋季附者俱免。其詐冒隱避以免課役，不限附之早晚，皆徵當發年課役，逃亡者附，亦同之。諸人居狹鄉樂遷，就寬鄉者，去本居千里外，復三年。五百里外，復二年，三百里外，復一年。一遷之後，不復更移。諸沒落外蕃得還者，一年以上復三年，二年以上復四年，三年以上復五年。外蕃之人投化者，復十年。諸部曲奴婢放附戶貫者復三年。諸孝子順孫義夫節婦，志行聞於鄉閭者，申尚書省奏聞表其門閭，同籍者悉免課役。（8）

諸皇宗籍屬宗正者，及太皇太后，皇太后，皇后緦麻以上親，內命婦一品以上親，文武職事官三品以上，若郡王周親及同居大功親。五品以上及國公同居周親，並役課役。（9）

諸內外六品以下官及京司諸色職掌人合免課役。（10）

租庸調的基礎是丁。以丁定賦的目的，是鼓勵開墾，所以陸贄說：「先王之制賦入也，必以丁夫爲本。不以務穡增其稅，不以輟稼減其租，則播種多。不以殖產厚其征，不以流寓減其調，則地着固。」(11)不過在農民因賦役繁重天災水旱兵災而捨棄典貼了他們的田產，成爲流浪的逃戶，客戶，官府戶籍中沒有他們的名字時，租庸調制度的本意也就喪失，同時，賦稅的收入也必然的要減少。在另一方面，法令允許許多人可免課役，則人民也必然想盡方法以免課役，這樣，又使免課役的人們增多。官府無法制止免課役的，只有檢校僞濫的僧道色役，逃戶，則自唐初，便已流行發展，歷朝也都盡力來招還逃戶，到了開元天寶間，大概便已到了極端。所以括客，括籍外剩田的行動，禁止買賣永業口分田的命令，招還逃戶，給貧逃百姓以田地的恩詔，都在這時候，累累的頒下，以維持挽救這已瀕於危殆的財政制度。終於安史亂起，對於租庸調制度下了最後的判決。天下戶口的流徙，在兵亂中，加速度的發展。在北方，田土已極荒廢。民不聊生，是一般的現象。國家的課丁額數，因軍閥的割據，最低時到過二百三十餘萬，(12)租庸調制度的收入，自然微小到極點。國家收入所仰恃的，除鹽鐵稅外，便是按資產課徵的戶稅，與按照地畝徵收的地稅，青苗錢，在稅收額數上，牠們比起租庸調都多得多。國家爲收入的簡便，是必然要犧牲這已無何意義以丁規定的租庸調制度。

(1)唐會要八三，租稅上。

(2)同前八十五團貌。

(3)唐會要，八三。

(4)(5)通典六，開元廿五年令。

(6)唐會要，八三。

(7)(8)通典卷六，天寶初年曾規一戶十丁，放兩丁征行賦役，五丁放一，以獎勵大家庭之維持。(唐大詔令，四，改元天寶詔)廣德中曾規定一戶中有三丁，放丁庸調。(前書九，廣德元年册尊號勅)開元天寶中更規定一鄉中量減十丁租庸以救濟單貧不支濟者。(前書八四，以春令減降囚徒勅。)

(9)(10)唐六典卷三，戶部郎中員外郎條。

(11)陸宣公奏議卷四，均節賦稅恤百姓六條。

(12)通典卷七歷代戶口盛衰末註云：「肅宗乾元三年見到帳百九十六州，應管戶總百九十三萬三千一百七十四，不課戶總百一十七萬四千五百九十二。課戶七十萬八千五百八十二，管口總千六百九十九萬三百八十六，不課口千四百六十一萬九千五百八十七。課口二百三十七萬七百九十九。」

二　地稅與戶稅

在安史亂前，租庸調以外的兩種主要稅收，是地稅與戶稅。

地稅，原來是爲設義倉備荒年賑貸的：

> 開元十三年正月詔元率地稅以置義倉，本防險年，賑給百姓。（1）

創設的年代與原定稅率如下：

> 貞觀二年四月……戶部尚書韓仲良奏王公已下墾田畝納二升，其粟麥粳稻之屬，各依土地，貯之州縣，以備凶年，制可之。（2）

到永徽二年，又有了新的規定，而地稅之名也漸漸形成：

> 義倉據地收稅，實是勞煩，宜率戶出粟，上上戶五石，餘各有差。（3）

中宗神龍元年，地稅之名，正式出現：

> 天下百姓，並免今年租及地稅。（4）

自此以後，提及放免地稅的命令，（5）時常出現。而地稅備義倉之用的性質，也漸漸消失，成爲一種正式的稅收：

高宗武太后數十年間，義倉不許雜用。其後公私窘迫，貸義倉支用，自中宗神龍之後，天下義倉，費用向盡。(6)

開元初年，恢復畝二升的稅率，更規定了許多附帶條件：

凡王公以下，每年戶別據已受田及借荒等，具所種苗頃畝，造靑苗簿，諸州以七月已前申尙書省。至徵收時，畝別納粟二升以爲義倉。寬鄉據見營田，狹鄉據籍徵。若遭損，四已上免半，七已上全免。其商賈戶無田及不足者，上上戶稅五石，上中以下全免一石，中中戶一石五斗，中下戶一石，下上七斗，下中五斗，下下戶及全戶逃，並夷獠薄稅並不在取限，半輸者準下戶之半。鄉土無粟，聽納雜糧充。(7)

開元四年詔令中，指明義倉粟，仍然變米運京：

詔州縣義倉本備飢年賑給，近年以來每三年一度以百姓義倉糙米遠送京納。仍勒百姓私出腳錢，自今已後，更不得以義倉變造。(8)

命令終於是命令，江淮間的義倉米仍然變造運京。通典固然說裴耀卿的變造江淮義倉米運京的計劃，(9)未能實現，不過杜佑估計的租稅收入額中粟米總數與支存在州倉的總數的差別，(10)仍可以指出，所謂義倉的地稅，依然大部份消耗了，運到京師去的義倉變造米自然也是一部份。

安史亂起，未殘破的州郡，當然依舊徵收。廣德元年又規定：

一戶之中三丁放一丁庸調，地稅依舊每畝稅二升。(11)

永泰元年，因軍需緊急，江淮米不能運京師，加重京兆府地稅：

京兆麥大稔，京兆尹第五琦奏請每十畝官稅一畝，效古什一之稅，從之。(12)

大曆四年，在三個月中，下了兩次詔令，改變京兆府的稅率：

（十月，）地總分爲兩等，上等每畝稅一斗，下等每畝稅五升，其荒地如能開佃者，一切每畝稅二升。(13)

（十二月，）勅令關輔墾田漸廣，江淮轉漕常加，計一年之儲，有太半之助。其於稅地，固可從輕。其京兆府來秋稅，宜分作兩等，上下各半。上等每畝稅一斗，下等每畝稅六升，其荒田如能開佃者，宜準今年十月廿九日勅，一切每畝率二升。(14)

三月後，又改變稅率及納稅時間，開兩稅之先聲：

三月優詔定京兆府百姓稅：夏稅上田畝稅六升，下田畝稅四升，秋稅上田畝稅五升，下田畝稅二升，荒田開佃者，畝率二升。(15)建中而後，地稅併入兩稅，不過地稅的名目，仍然保存着。

戶稅是安史亂前合於賦稅原理的第二種稅。戶稅，也稱爲稅戶，稅錢。(16)徵收的原則，是按照戶等，徵收貨幣。每等戶皆有特定的稅率，戶等愈高，稅錢亦愈多，王公官吏，都按官品歸等納稅。

唐代的戶等，武德中量其貲產，定爲三等。(17)貞觀九年，改爲九等。戶等的規定，不是純爲徵收戶稅錢的，不過相信戶稅之始，或與定戶等同時。現在較早的紀錄，是永徽元年以「稅錢」爲在京百官俸，(18)文中並沒有創設的字樣，可見稅錢開徵之始，已在永徽以前。到武后長安元年，詔「天下諸州王公以下(19)宜準往例稅戶」又提明永徽長安間，戶稅似曾廢止過。自長安以後，到大曆末年，稅戶或戶稅，就是正式稅收。在赦書中，放免租稅時，也曾單獨的提到放免戶稅。(20)大曆四年，根據開元間的條例，普遍的加稅，並部份的改訂了開元間的戶等規定法，詔令如下：

天下及王公已下，自今已後，宜準度支長行旨條：每年稅錢上上戶四千文，上中戶三千五百文，上下戶三千文。中上戶二千五百文，中中戶二千文，中下戶一千五百文。下上戶一千文，下中戶七百文，下下戶五百文。其現任官，一品准上上戶稅，九品准下下戶稅，餘品並准依此戶等稅。若一戶數處任官，亦每處依品納稅。其內外官，仍據正員及占額內闕者稅。其試及同正員文武官，不在稅限。其百姓有邸店行鋪及爐冶，應准式合加本戶二等稅者，依此稅數勘責徵納。其寄莊戶，准舊例從八等戶稅，寄住戶從九等戶稅，比類百姓，事恐不均，宜遞加一等稅。其諸色浮客及權時寄住戶等，無問有官無官，亦所在爲兩等收稅，稍般有者准八等戶稅，餘准九等戶稅。如數處有莊田，亦每處納稅。諸道將士莊田，既緣防守勤勞，不可同百姓例，並一切從九等輸稅。(21)

由上邊特別標出的字來看，可見開元間，對於有邸店行鋪爐冶的人們，稅等上特加二等，在其他詔令中也提到「賦彼商賈，以抑浮惰之業。」大曆令則特減加等，這指明了由開元到大曆，官府對待商賈的態度的變化。在另一方面，對於寄莊寄住戶的歸等，則是前者較優容，後者較嚴格的。這正與當時人民的流徙，官吏之到處廣買莊田相應合，證明大曆稅率是環境的產物，無怪杜佑稱之爲「近如晉宋土斷之流也。」這是兩稅法中「人不土斷而地着」的先聲。

大曆的稅率，據通典說是一例加稅。(22)舊唐書說是新定。(23)這兩說較可信，因爲命令雖說是准度支長行旨條，(24)但天寶間的稅率確不是這樣。天寶間全部稅率雖不明瞭，不過部份的確有證據。

> 八等戶所稅四百五十二，九等戶則二百二十二。(25)

天寶七載至十四載戶稅收入，據杜佑估計年額是二百餘萬貫，並謂實收，「與此大數多少加減不等，」(26)可見一般開元初年的戶稅，不知道稅率，稅收總額，似是定額的：

> 凡諸州稅錢，各有準常，三年一大稅，其率一百五十萬，每年一小稅，其率四十萬貫，以供軍國傳驛及郵遞之用。每年又別稅八十萬貫，以供外官之月料及公廨之用。(27)

開元以前的稅率也不明瞭，不過有些事實可以證明戶稅稅率是逐漸增加的。(28)到開元年間，已趨於定型。天寶五載曾增加一次，大曆更因爲新的社會財政需要，改變了開元間的稅率精神。在兩稅法中，戶稅徵收，分爲夏秋二季，戶稅的名目也仍然保存着。

戶稅，地稅，是兩種與租庸調截然不同的東西。租庸調，以丁身爲基礎，是前一時代的制度的尾聲。戶稅按資產課徵貨幣，地稅按地畝課徵粟米，是後一時代的制度的先驅，租庸調的收入總數已前。地稅收入，據杜佑估計，天寶間是千四百餘萬石。(29)與租（折租除外）的總數，相差只二百萬石。戶稅的總額是二百餘萬貫。假如根據開元時絹價疋二百一十文，(30)將錢折成絹，則戶稅已將值千萬疋。絹價卽提高至一貫二疋，戶稅折成現物也應有庸調及折租總數的四分之一。因爲庸調中，布比絹多，在價值上也應低於絹。

這種數字的比較，是有相當意義的。可以指明租庸調制度，已不是唐代安史亂前的賦稅制度的惟一制度。新起的戶稅地稅，在收入數量上，已將與之相埒。這就是說，戶稅與地稅已然是發育完備的制度，只待時機到來，牠就會成爲惟一的制度。而租庸調制度，則因免課役者，逃避課役者太多，負擔人日趨減少，不能不日趨衰落，讓位於有廣大的負擔人的地稅與戶稅。(31)

(1)冊府元龜四九〇。

(2)(3)唐會要八八，倉及常平倉。通典十二，輕重。

(4)唐大詔令二，中宗卽位赦。參閱唐會要八三，開元十六年「勅諸州租及地稅等，宜令州縣長吏專勾當。」

(5)參閱冊府元龜四九〇，蠲復。

(6)通典卷十二。

(7)唐六典卷三。

(8)唐會要，八八，倉及常平倉。

(9)通典卷十。

(10)通典卷六，其度支歲計粟則二千五百餘萬石（三百萬折充絹布添入兩京庫，三百萬迴充米豆供尙食及諸司官厨等料，並入京倉四百萬江淮迴造米，轉入京充官祿及諸司糧料。五百萬留當州官祿及遞糧，一千萬諸道節度軍糧及貯備當州倉。）並參閱唐玄宗一朝江淮上供米與地稅的關係（見中國經濟二卷十期。）

(11)舊唐書，四八，食貨志。萬國鼎在中國田制史二三四頁，謂「所謂依舊每畝稅二升，蓋舊制丁男受田百畝，歲輸粟二石也。」誤甚。

(12)舊唐書，四八，食貨志。

(13)册府元龜，四八七，參閱四九〇，「（大曆四年）十一月乙卯，京兆府百姓應納地稅及草等，各隨使送納，不得勞人」「（乙亥）其准上租庸地稅旨支米等宜三分放二分。」

(14)(15)舊唐書四八，食貨志，十一德宗本紀大曆五年，作「京兆府戶稅。」

(16)名稅戶者：「（開元廿三年詔）「兼租腳，稅戶輙宜輕率約錢定數不得不然」（見册府元龜四八七，）名稅錢者：「開元十八年……李朝隱請籍百姓一年稅錢充本，依舊令高戶及典正等捉」（見唐會要九三。）名戶稅者：「開元末，金壇縣丞，王甲以充綱領戶稅在京，於左藏庫輸納」（見太平廣記三八〇，金壇王丞，引廣異記）詳節參閱唐代的戶稅（見食貨八期。)

(17)通典卷六，唐會要，八五，定戶等第，均云：「武德六年三月令天下戶量其資產定爲三等，至九年三月二十四日詔天下戶三等未盡升降，宜爲九等。」舊唐書，三「太宗紀貞觀九年三月庚寅勅天下戶立三等，未盡升降，置爲九等。」三月廿四日，確爲庚寅。通典會要九年上應並脫去「貞觀」二字。茲從舊唐書。

(18)唐會要九三。「(貞觀)二十一年令在京諸司依舊置公廨本錢……至永徽元年廢之，以天下租脚直爲京官俸料，其後又薄斂一歲稅，以高戶主之，月收息給俸。尋顧以稅錢爲之，總十五萬二千七百一十二緡。」

(19)通典卷六。

(20)唐大詔令七四張九齡。開元二十三年籍田赦書「天下諸州損免處，地稅先矜放，損免州稅戶錢米(未)納，並七等以上戶租先來(未)處分及五色資課錢未納。灼然不辦者並放」參閱全唐文。二八七。

(21)唐會要八三。舊唐書四八，食貨志。册府元龜四八七，文略同。

(22)通典卷六。

(23)舊唐書四八，食貨志作「勅有司定。天下百姓及王公已下每年稅錢……」十一，德宗本紀，「大曆四年正月戊子勅有司定王公士庶每戶秋錢分作上中下三等。」册府元龜，四九〇，「大曆四年三月詔特免京兆府百姓今年稅錢。」

(24)唐會要五八，戶部。開元廿四年，「令戶部修長行旨條五卷。」

(25)通典卷六。

(26)同前。

(27)唐六典卷三。

(28)例如通典卷六記云：「天寶五載。停郡縣官日（白）直課錢但計數多少，同料錢加稅充用。」

(29)通典卷六。

(30)通典卷七。

(31)地稅戶稅，皆是王公以下戶都要擔負的，沒有可免戶稅地稅的由於這一點，地稅與戶稅，較租庸調的負擔人，更廣大一些。

三　兩稅

兩稅制度，自來都只注意到夏稅，秋稅，徵稅時間分兩次。對於內容，都未深切的注意，往往都只認作牠是一種資產稅。並且還有許多人，認為兩稅制度，似乎創造了新稅制。實際上，並不是這樣。我們可以說，兩稅的內容，主體還是兩種稅，地稅與戶稅，這都是前一時期的制度，不過到本期，卻由與租庸調並立的地位，躍進成惟一的制度。租庸調，反歸併到戶稅裏面，消失了牠的存在。夏秋兩次徵稅，也不是兩稅法所創設的，實際上大曆五年地稅的徵收，就分夏秋，只是兩稅法，將一切稅都分作兩期而已，現在先說夏秋兩稅令文上規定「夏稅六月納畢，秋稅十一月納畢。」（1）徵收時間，改爲夏秋，改變了什麼呢？現在先看租庸調的徵收時間：

諸庸調物每年八月上旬起輸，三十日內畢。九月上旬各發本州諸租准州土收穫早晚，斟量路程嶮易遠近，次第分配本州收穫訖發遣十一月起輸，正月三十日納畢。（2）

租庸調以外的地稅，大約與租同納，戶稅的徵收時間不甚明瞭。安史亂後，租庸有使，青苗錢有使，在徵收時間上，必不能一致，更加「科斂之名凡數百，廢者不削，重者不去，新舊相集，不知其涯，百姓受命而供之，旬輸月送，無有休息。」（3）改革成春夏兩次徵納，自然省下了窮百姓們輸稅時的勞費，免去了吏胥們的永恆的騷擾，同時，許多種稅同時徵納，百姓們只知納稅，不知名目，也似乎是一種減輕，近代的農民，在幾十種附加稅剝削之下，都有此感覺。

現在再說兩稅的內容。先說地稅。地稅在唐初已有，其稅率，及徵收量，安史亂後，京兆府稅率之變革，已見前節。建中元年實行兩稅法時，地稅仍是主要的一項。牠的規定如下：

其應科斛斗，請據大曆十四年見佃青苗地額均稅。(4)

其田畝之稅率以大曆十四年墾田之數爲准而均徵之。(5)

青苗簿，是唐初以來地稅的依據。兩稅法中的地稅，也不能拋棄了歷來的根據。只是稅率改變了：安史亂前的畝二升，大曆以來京兆府的畝稅一斗六升等等的規定，而「先度其數」「量出以制入」來均攤在大曆十四年的青苗頃畝上。所以兩稅法行，爲糾正徵收地稅的弊端，便出現了許多呈請均田的表文，禁止官吏徵收新墾田地的地稅，俟五年後均減百姓稅額的命令，先看元稹在同州的設施，與地稅實際的稅率。

右件地（當州兩稅地）並是貞元四年檢責，至今已是三十六年。其間人戶逃移，田地荒廢，又近河諸縣，每年河路吞侵，沙苑側近，日有沙礫塡積，百姓稅額已定，皆是虛額徵率。其間亦有富豪兼并，廣占阡陌，十分田地，纔稅二三。致使窮困逋逃，賦稅不辦。……令百姓自通手實狀……臣便據所通，悉與除去逃戶荒地，及河侵沙掩等地，其餘見定頃畝，然後取兩稅元額地數，通計七縣，一例作分抽率。

右臣當州百姓田地，每畝只稅粟九升五合草四分，地頭榷酒錢共出二十一文已下。(6)

武宗即位，對於地稅定額的均配，也下過詔令：

會昌元年正月制：租賦有常，王制斯具。徵率無藝，齊民何依？內外諸州府百姓所種田苗率稅斛斗，素有定額，如聞近年長吏不守法制，分外徵求，致令力農之人，轉加困弊，亦有每年差官巡檢，勞擾頗深。自今已後，州縣所徵科斛斗，一切依額爲定，不得隨年檢責，數外如有荒閑陂澤山原，百姓有人力能墾闢耕種，州縣不得輒問。所收苗子，五年不在稅限。五年之外，依例收稅，於一鄉之中，先塡貧戶欠闕，如無欠闕，即均減衆戶合徵斛斗，但令不失元額，不得隨田加稅。(7)

青苗錢，榷酒錢，則是田畝的附加稅，徵收時間也分秋夏：

敬宗以長慶四年正月即位，三月詔曰：京畿諸縣，應今年夏青苗錢，並宜放免，秋青苗錢，並河南府夏青苗錢，每貫放三百文。(8)（元和十四年）京畿今年秋稅，青苗及榷酒錢，每貫量放四百文。(9)

兩稅法中之地稅，本以定額的賦稅，均配在定額的頃畝上，稅率一經確定，地稅的負擔也就固定在定稅時的青苗土地上。所以，有時候有這樣的令文：

青苗兩稅本係因土，地既屬人，稅合隨去。(10)

同時，不在原定稅時的青苗簿上的土地，也就不擔負地稅。元稹表中所提及的豪富田土，當卽此類，直到唐末還有許多無稅的莊田。(11)稅率稅額，稅賦負擔者，一經固定，則自然界的災害，會使原來負擔賦稅的土地，不能生產。稅額過重，徭役不息，天災水旱，人戶逃移，會減少能使土地生產的人們。輾轉相次，固定的稅率稅額，不落在無法耕種的人們身上，便均攤在未逃亡的人們身上。所以這時期，逃戶仍甚普遍。禁止破賣逃戶田地以供稅賦的命令，也累累的頒佈，元稹的均田只是地稅已失掉基礎時的救濟辦法。

在另一方面，稅率一行固定，則想藉增加稅收，以圖升官發財的官吏，必然要使原不擔負地稅的土地也要擔負。所以有「據地出稅，天下皆同」的詔令。(12)爲安定社會秩序，增加人民的財富，這種方法，是不妥當的。所以武宗有稅額不加，均減稅率的詔令。

地稅稅率，(13)固定在一定的土地上，結果必然因人戶逃亡。攤徵地稅，而地稅稅率提高。地稅稅額固定，因土地之開闢，而隨時均減稅率，必然是稅率漸輕。兩者交織起來，便構成了農村中一地逃亡略盡，一地人戶聚集的現象，這種狀況自唐末延長到宋初。前者由人民看來，是苛徵暴歛，後者由政府看來，是減少了稅收。爲人民，爲財政收入，隨時都有均稅的零碎改革。到北宋中葉，終於勃發了方田運動。

戶稅，大曆間稅率已見前節，在兩稅法中，稅率是有一點變更的。變更的方向，大致是將舊徵額數，均配在新審定的戶等上。同時，舊的租庸調殘額，也折錢均配於戶稅上。戶稅的舊精神，按戶等科徵錢幣的原則，仍未失去，先看令文：

（建中元年）二月二十一日起請令黜陟，觀察使及州縣長官，據舊徵稅數，及人戶土客，定等第錢數多少，爲夏秋兩稅，其鰥寡惸獨不支濟者，准制放免，其丁租庸調並入兩稅，州縣常存丁額，准式申報。(14)

戶無土客，以見居爲薄，人無丁中，以貧富爲差，不居處而行商者，在所稅三十之一，度所取與居者均，使無僥倖。居人之稅，秋夏兩徵之，俗有不便者正之，其租庸雜徭悉省，而丁額不廢，申報出

入如舊式。(14)

要徵收戶稅，必須有詳明的戶籍戶等兩稅法通行之前，爲增加確定負擔者，先派遣官吏到各地，按比戶口，約丁產定等第，頒給戶帖，結果是戶口總計爲土戶百八十餘萬，客戶百三十餘，(15)墾田百十餘萬頃。稅收總數三千餘萬貫，米麥千六百餘萬石。

兩稅法中之戶稅規定與戶口按比，原意是「恆額旣立，加益莫由，浮浪悉收，規避無所，」以救當時的弊端，不過「使臣制置各殊，或有輕重未一，」仍然未能建樹起一般的制度。有的地方簡直沒有戶等的審定，戶籍的按比：

> 元和六年正月衡州刺史呂溫奏：當州舊額戶一萬八千四百七，除貧窮死絕老幼單孤不支濟等外，堪差科戶八千二百五十五，臣到後團定戶稅次。檢責出所由隱藏不輸稅戶一萬六千七……昨尋舊案，詢問閭里，承前徵稅，並無等第。又二十餘年，都不定戶，存亡孰察，貧富不均，臣不敢因循，設法團定，檢獲隱戶數約萬餘，州縣雖不徵科，所由已私自率斂。(16)

累累頒下的三年一定戶的詔令，在效果上，並不見得很大：

貞元四年正月赦文，天下兩稅。更審定等第，仍令三年一定，以爲常式。(17)

(元和十五年)勅……自今已後宜准例三年一定兩稅，非論土著客居，但據貲產差率(18)

(長慶四年)今後戶帳田畝，五年一定稅(19)

兩稅法中的戶稅，與地稅一樣，稅率固定了以後，常常變更，建中三年，卽每貫加二百，貞元八年，四川的稅率增加什二。各地因有戶絕，逃戶，貧破懸欠時，常將稅率另行均配。代表民衆的官吏也時常將兩稅稅額，請求減少，因而減低稅率。

附加在戶稅上的臨時稅收，日久也成了正式稅收：

貞元三年閏五月度支奏請浙江東西道節度使韓滉自建中年已後，供軍資費賞設等每年續加當錢六十一萬一千貫，准今年五月五日勅，近日甲兵止息，無別徵求。此是常稅，先有成例。宜令浙西觀察使白志貞，浙東觀察使皇甫政各據道本元額，依舊兩稅徵收發遣。(20)

戶稅，是兩稅法中的主體，所以許多令文中所提及的兩稅，有時完全是指的戶稅，戶稅規定時，承以前戶稅的規制，徵收錢幣。不過漸漸的錢幣漸少，物價轉輕，於是又改徵現物，人民的負擔，由現物額上來看，已不啻加倍。更加估計現物價格時，州縣官不遵從省的虛估高價，而率從實估以自封殖，(21)民衆的負擔有加無已。唐末各地紛亂，所謂兩稅法更形紊亂，戶籍不明，徵稅無據，各地自立者，更自立制度，戶稅除仍保持舊名外，不折之於丁，卽歸之於田，以增加收入。降至宋代，政治雖統一，而財政制度，則一仍羣雄割據之舊。

(1)唐會要八三。建中元年勅，天寶九載勅，卽有「天下兩稅，其諸色輸納」之語。此處所謂兩稅，疑卽指戶地二稅。

(2)通典卷六。

(3)唐會要八三，楊炎疏。

(4)唐會要八三。建中元年勅。

(5)前書同卷，楊炎疏。

(6)元氏長慶集三八，同州奏均田，這是五代周世宗特別喜歡的一篇文字。

(7)唐會要八四。

(8)册府元龜四九一。

(9)舊唐書十五。

(10)唐會要八四，大中四年制。

(11)北夢瑣言一，「葆光子同寮嘗買一莊，喜其無稅。」

(12)唐會要八四，大中六年。

(13)「地稅」一名，在兩稅法中，仍保存下的證據如下：「憲宗永貞二年詔：京畿諸縣，今年青苗錢及榷酒錢並宜放免，地稅率每斛糧放二升，江浙荆襄等十州管內水旱所損四十七縣，減放米六十萬石，秋稅錢六十萬貫」（見册府元龜四九七）時距行兩稅法之年，爲二十七年。

(14)唐會要八三後一文爲楊炎疏。「戶稅」名稱之保存，可參閱册府元龜四九一，開成二年，十一月甲戌戶部侍郎李珏奏「廬州舒縣太平鄉百姓徐行周叔姪兄弟五代同居，請免其同籍戶稅。從之。」全唐文六六，穆宗南郊改元德音「應天下典人莊田園店，便合祇承戶稅」這與大曆稅寄莊的性質是相同的。

(15)通典，戶口數，見卷七，墾田數，見卷二，收入數，見卷六。關於戶帖，參閱唐會要八四，太和四年「今併省稅名，盡依諸處爲四限等第，先給戶帖，餘一切名目，停罷」及册府元龜四八八，太和二年，「約立等第，頒給戶帖。」

(16)唐會要八五，定戶等第。

(17)(18)同前。

(19)舊唐書，十七上敬宗紀，兩稅行後，尤有丁錢，舊唐書十九上咸通四年「安南管內被蠻賊驅劫處本戶兩稅丁錢等量放二年，」惟僅見此一條，疑丁錢係特行於安南諸地，內地未必如是。

(20)冊府元龜四八四。

(21)參閱唐會要八三，八四。

第七章　財政制度(下)

四　色役與資課

唐代人民，皆須對國家提供徭役。租庸調法中固然有徭役的規定，租庸調併入兩稅後，民間仍然須服徭役。宣宗時，爲使徭役得以普遍而均平，特令各縣造差科簿，按簿輪差，直到唐末，民間的徭役，仍然未能免差。

前述徭役是一般的普通勞動。前面所舉出的可免租庸調的人們，是例不擔負徭役的。在提供徭役的人們當中有一部份提供特種徭役於特定的機關，這種徭役稱之爲色役，而提供這種徭役的人們，也稱之爲色役戶。租庸調制度中，不提供徭役時，即折納現物，稱之爲庸，色役戶，不提供色役時，也可納現物或錢幣代役，稱之爲資課。

色役中之最明顯的是工匠。法令上規定他們，「不許別入諸色。」(1)他們是分番提供色役的，不上蕃就應當納資課，資課或與庸相等。工匠以外的色役名稱極端複雜，現以廣德二年較概括的令文來表明之：

其京城諸司使應配彍騎官，散官，諸色丁匠，幕士，供膳，音聲人，執祭，齋郎，問事，掌閑，漁師，並諸司門僕，京兆府騎丁，屯丁，諸色納資人每月總八萬四千五十八人。(2)

這些人，都分番，不上番，固須納貲，也有些根本就是納資戶。

諸色當番人應送資課者，宜當郡縣具申尙書省勾覆，如身經上處，勿更抑令納資，致使往來辛苦。(3)

前舉諸人中之門僕，亦稱門夫，原來是以中男與殘疾男來看守城門倉庫門的。初期即規定分番輪值，每番一旬，不番上者收其課，閑月一百七十，忙月二百文。後來色役取消，而門夫課，成了中男殘疾丁的擔負。(4)

上述諸種色役外，應提及胥士，防閤，庶僕，仗身，執衣，白直，士力，這些都是由色役變成資課戶的。

胥士貞觀十二年設，共七千人，取諸州上戶爲之準防閤例納課，永徽中廢。仗身，是撥掌閑幕士充，十五日一時，收資四百六十，開元中廢。執衣，原以民中丁爲之役使後皆捨身而收其課。其餘的名目，大概都是普通人民，防閤庶僕白直士力納課者每年不得過二千五百文，執衣元不得過一千文。「白直」天寶時，一歲破十萬丁已上，每丁每月納資二百八。因加稅給百官旋廢。(5)

另外一種色役，便是捉錢人，也稱之爲利錢戶。他們因領公廨本錢，納息錢於官府，而得免徭役。有罪，官府亦不得過問。

以上所說的諸種色役，有些因此而無需納庸，這對於國家財政，是一種損失。所以開元二十三年便省減諸司色役十二萬餘人，以增加收入。(6)有些色役，根本就不應役，只是納資，不過也例免徵行雜徭，所以富戶投之若鶩。在國家想擴充收入均酌徭役時，也常將他們應納的資課，均配於一般民衆身上，而使他們負擔一般人應擔負的徭役，王鉷任戶口色役使，宇文融括戶，便是玄宗時代檢校色役僞濫的一大改革運動。

色役的種種，大體上略如上述。資課，則除上舉諸人外，尙有兩種人須納資課，一種是貴族的子孫，一種是官戶雜戶。現在先說貴族子孫應納的資課，第一，三衛：

凡左右衛，親衛，勳衛，翊衛，及左右率府親，勳，翊衛，及諸衛之翊衛，通衛之三衛，擇其資蔭高者爲親衛，（取三品已上子，二品已上孫爲之。）其次者爲勳衛及率府之親衛，（四品子，三品孫，二品以上之曾孫爲之。）又次者爲翊衛及率府之勳衛，（四品孫，職事五品子孫，三品曾孫，若勳官三品有封者，及國公之子爲之。）又次者爲諸衛及率府之翊衛，（五品已上，並柱國，若有封爵，兼職事官爲之。）又次者爲王府執仗執乘。（散官五品已上子孫爲之。）凡三衛皆限年二十已上……凡諸衛及率府三衛貫京兆河南蒲同華岐陝懷汝鄭等州，皆令番上，餘州應納資而已。（應納資者，每年九月一日於本貫及寄住處輸納，本貫挾名錄申兵部。）(7)

納資的數目由番一千五百文至三千文：

三衛違番者，徵資一千五百文。(8)

掌閑，彍騎，三衛及橋堰丁匠，如（闕）有司頃徵資並納錢三千，米六斗。(9)

貴族子孫應納的資課，另一種便是親事帳內，也稱爲品子課錢。每一官員貴族，均按品級而得有若干親事帳內。(10)

六品七品子爲親事，八品九品子爲帳內，限年十八以上，舉諸州共率萬人爲之。(11)竝本貫納其貲課，皆從金部給付。(12)歲納錢千五百，謂之品子課錢，凡捉錢品子無違負者滿二百日，本屬以簿附朝集使上於考功兵部，滿十歲量文武授官。(13)

官戶雜戶的資課，規定他們不上番時方納，請納者亦聽之：

番戶一年三番，雜戶二年五番，番皆一月，十六巳上當番，請納資者聽之，其官奴婢長役無番也。(14)

天寶間資課的收入，當已蔚爲大觀，據杜佑估計：

其資課及勾削等當合得四百七十餘萬。(15)

勾剝，大概勾徵積欠稅賦。假如上述數字中有一半是資課，則由前舉諸資課，皆是錢幣推之，資課錢的額數，已然將與天寶間之戶稅額相埒。

資課錢與戶稅地稅一樣，是分解租庸調制度的因素。

1. 貲課由平民擔負，則可指明平民徭役，已有一部份折成錢幣。

2. 許多貲課，原本於色役，但色役派定之時，有些是按戶等來派，這指明戶等的差別，已侵入租庸調制度中之徭役分派。

3. 貲課上及於貴族子孫，下及於官戶雜戶，與租庸調之庸，有許多人可免除，在負擔者方面，貲課似較廣一點。

安史亂後，一部份色役，仍然存在，一部份已取消。(16) 貲課則一部份存在，一部份歸於消滅。存在的部份，不歸之於兩稅，即仍然如舊。不過財政的要求，使政府許茶鹽商人免科役，使他們隸屬影庇於監院，他們又成了另一種色役戶。在另一方面，官府也隨時製造新的貲課戶，例如苜宿丁，月納貲二貫文。(17)

軍權擴張，在軍隊中，又發現了另一種納課戶：

自貞元以來，長安富戶皆隸要司，求影庇，禁軍掛籍者十五六焉，至有恃其多藏，安處闤闠，身不宿衛，以錢代行，謂之納課戶，至是（元和十三年）禁絕。(18)

(1)唐六典卷六，參閱唐會要八三，租稅上，「開元二十二年勅其雜匠及幕士並諸色同類有番役合免征行者，一戶之內，四丁以上任此色役，不得過兩人，三丁已上，不得過一人。」

(2)唐大詔令六九，廣德二年南郊赦文。

(3)前書四，改天寶三年爲載詔。

(4)參閱通典三十五，祿秩。

(5)參閱通典三十五祿秩，唐會要九一——九三，唐六典卷三。

(6)唐會要八三，唐六典三，「開元二十二年敕諸司繁冗及年支色役，費用旣廣，姦僞日滋。宜令中書門下與諸司掌官量事停減冗官及色役年支雜物等，總六十五萬八千一百九十八，官吏稍簡，而費用省矣。」

(7)唐六典卷五。

(8)同前。

(9)唐大詔令一一一，減徵京畿丁役等制。

(10)同註五並參閱六典卷五。

(11)通典卷三十五。

(12)唐六典五。

(13)唐會要九三。

(14)唐六典卷六。
(15)通典七。
(16)參閱唐大詔令，全唐文，肅代以後諸帝赦文並參閱唐會要六五，開成三年條及册府元龜四八七，大曆八年「詔諸色丁匠如有情願納資課代役者，每月每人任納錢二千文。」唐會要六一，李吉甫疏：「其餘去爲商販，度爲僧尼，雜入色役，不歸農桑者，又十有五六，是天下以三分勞苦筋骨之人，奉七分待衣坐食之輩。」
(17)唐會要六五。
(18)唐會要七二，軍雜錄。

五　商稅茶稅酒稅及青苗錢

安史亂起，軍費暴增，財政的要求，使國家增加了許多新的稅名，新的徵收機關，茲擇其爲時較長，或沿襲至後代者，簡述如下：

1. 商稅——安史亂中，各道節度使，即自行稅商賈：

諸道節度使，觀察使，多率稅商賈，以充軍資雜用。或於津濟要路及市肆間交易之處，計錢至

一千以上，皆以分數稅之。(1)

上元中，始正式稅通過堰塘的商人。

勅江淮堰塘商旅牽船過處，準斛斗納錢，謂之埭程。(2)

建中三年，始正式的規定商稅的稅率。

於諸道津要都會之所，皆置吏閱商人財貨，計錢每貫稅二十文，天下所出竹木茶漆，皆什一稅之。(3)

稅制的性質，近於近代的釐金，收稅的弊端，則稅及行人，近於歐洲中古時代的通過稅。

海港外船的稅，只有舶脚，據外人記述，是百分之三十。(4)

顯慶六年二月十六日，勅南中有諸國船，宜令所司每年四月以前，預支應須市物，委本道長史，舶到十日內，依數交付價值，市了，任百姓交易。(5)

南海蕃舶，本以慕化而來……，其嶺南，福建及揚州蕃客，宜委節度觀察使常加存問，除舶脚外，任其來往通流，自爲交易，不得重加率稅。(6)

2.茶稅——在商稅中本來已有稅茶的規定。不過，在商稅中，茶只是一種貨物，在獨立的茶稅法中，茶成了一種專賣的商品，官府保護正稅茶商，盡力在茶產地搜捉私茶商。茶在產地納稅後，在各地仍然需納通過稅，所以茶稅，近於一種產地稅：

（貞元九年）於出茶州縣及茶山外商人要路委所由定三等時估，每十稅一……自此每歲得錢四十萬貫。（7）

長慶元年鹽鐵使李播奏茶稅每一百增之五十。（8）

大中六年正月鹽鐵轉運使兵部侍郎裴休奏諸道節度使觀察使置店停止茶商，每斤收搨地錢，並稅經過商人，頗乖法理。今請釐革諸稅，以通舟船，商稅既安，課利自厚。（9）

3.酒稅——安史亂後酒稅即起。總括起來，酒稅的原則約分四種，一、榷麴，二、榷酒，由酒戶納稅，三、將榷酒錢均配在青苗錢上，按畝出錢，四、官府置官酒店，茲分述如下：

一、榷麴——「會昌元年勅……限揚州、陳、許、汴州、襄州、河東五處榷麴」（10）

二、店戶出酒稅——「廣德二年十二月勅天下州，各量定酤酒戶納稅，除此外，不問官私，一切禁斷，大曆六年二月量定三等，逐月稅錢並充布絹進奉。」(11)「貞元二年十二月度支奏請於京城及畿縣行榷酒之法，每斗榷酒錢百五十文，其酒戶與免雜差役從之。」(12)

三、均配於青苗錢上——「元和六年京兆府奏榷酒錢除出正酒戶外，一切隨兩稅青苗錢，據貫均率，從之。」(13)

四、置官店——「建中三年制禁人酤酒，官司置店收利以助軍費」(14)「(會昌元年敕)浙西，浙東，鄂岳三處置官店酤酒。」(15)

酒稅的收入太和八年，「爲錢百五十六萬緡而釀費居三之一。」(16)

4. 青苗錢——青苗錢是耕地的貨幣稅。

代宗廣德二年稅天下地畝青苗錢給百官俸料，起七月給。(17)

(永泰二年)五月丙辰，稅青苗地錢使殿中侍御韋光裔諸道稅地迴，得錢四百九十萬貫，自乾元已來天下用兵百官俸錢折，乃議於天下地畝青苗上量配稅錢，命御史府差使徵之，以充百官俸料，每年據數均給之，歲以爲常式。(18)

永泰二年十一月庚辰，京兆府……青苗地頭，亦宜三分放一，先欠永泰元年地頭錢十四萬九千一百四十一貫，並宜放免。(19)

大曆初，諸州府應稅青苗錢每畝十文，充百司工力資課，三年十月十六日台司奏緣兵馬未散，百司支計不給，每畝更加五文。(20)

大曆三年，通計諸司每月手力資課錢，凡四萬七千五百四十文，並以青苗錢充。初以常賦不給，乃稅人墾田畝十有五錢，資用窘急，不暇成熟，候苗青即征之，主其任者爲青苗使。(21)

大曆八年正月廿五日勅，青苗地頭錢，天下每畝率十五文，以京師繁劇，先加至三十文，自今已後，宜準諸州每畝十五文。(22)

貞元八年五月丙辰，初增稅京兆青苗每畝三錢，以給掌閑彍騎。(23)

兩稅法行，青苗錢亦分夏秋二季徵納。

（長慶四年三月壬子）大赦天下，京畿夏青苗錢並放，秋青苗錢每貫放二百文。(24)

其他的短時間的搜括，如間架除陌，借商，率貸，賣度牒告身，則爲時不久，或則不成制度，不贅述。

(1)(2)通典十一，雜稅。

(3)唐會要，八四，雜稅。

(4)中西交通史料匯篇，第三册，古代中國與阿拉伯之交通，一二三頁，引蘇烈曼遊記。

(5)唐會要六六，少府監。

(6)唐大詔令十，太和八年疾愈德音。

(7)(8)(9)並見唐會要八四，雜稅。

(10)唐會要八八榷酤。

(11)通典十一，榷酤。

(12)(13)唐會要八八，榷酤。

(14)通典十一，榷酤。

(15)唐會要八八，榷酤。

(16)通考，一七，征榷考。

(17)册府元龜五〇六。青苗錢至貞元後，即不足作百官俸料，百官俸料另有財源「貞元四年二月，……遂令收除陌錢及闕官料，並外官，闕官職田及減員官諸料，令戶部侍郎竇參專掌以給京文武官員料錢，及百司紙筆等用至今行之」（唐會要五八，戶部侍郎。）

(18)舊唐書十一代宗紀，四八，食貨志文略同。

(19)册府元龜四九〇，舊唐書十一代宗紀「庚辰」作「丙辰」，「三分放一」作「取一」。據新唐書，食貨志，青苗錢，與地頭錢，是兩種不同的稅，但他處所見諸例，似青苗地頭爲一種稅。

(20)通典十一，雜稅。

(21)通典三十五祿秩。

(22)舊唐書四八食貨志。

(23)舊唐書十二，德宗紀。

(24)舊唐書十七敬宗紀青苗錢，雖主體是徵收錢幣，但亦或折納粟麥，舊唐書十二，「貞元二年十月壬午奏關內河中河南等道秋夏兩稅青苗等錢悉折納粟麥」。

六　鹽鐵漕運與東南財庫

初唐對於鹽稅，採取兩種形式，一種是設鹽屯，屯丁輸鹽，輸鹽的準則，與屯田之輸粟相似。這種鹽屯，只限於內陸的鹽池。海岸的鹽則沒有特別的稅，人民可以鹽折租。另一種形式是四川的鹽井，每井有額定的課程，近於唐初各地的礦稅。（1）

隋代的各種礦產，有一部份是官家利用民衆的徭役來開採，大部，是民衆自採，官收礦稅，或和買銀銅錫鑞。各地礦稅的徵收，大體上，初唐是由各地長官來檢攝。

唐代政府所在地是長安，陝西渭水流域的糧米租賦，不能供給官吏的祿米，與各機關，各軍隊的消費。必須運東南的租米到京師。高宗，武后以後，中原免租庸的人們，與封戶漸多，而官吏的數量，也同比例的增加，江南的糧米，更是京都所仰以爲生的。但運輸組織，漫無紀律，各州以租腳自己運送，又其使運輸能力減低。運到京師的時間，不能調濟。皇帝之幸東都，就是免除洛陽長安間運輸之困難，有就食的意義的。開元間，裴耀卿的陸運改革與水運之開通，使皇帝不需要東巡就食，又省下了租腳，擴充了政府的財政收入。(2)

安史亂起，財政上一時陷於無辦法的狀態。歷代積集在關中的米糧，財貨，被叛徒，政府軍消耗淨盡。爲整理財政收入，以供給軍隊，平定內亂，爲供給以血肉捍衛中國，來換取中國財帛的遊牧部落，政府只能仰給東南，東南數省，是政府的「生命線」。

每歲賦入倚辦，止於浙江東西，宣歙，淮南，江西，鄂岳，福建，湖南等八道，合四十九州，一百四十

四萬戶。(3)

整理財政的計劃，必須切於實際狀況，戰亂既起，人民的流徙，也大規模的發動，助長逃亡的租庸調，不能得到積極的效果。只有食鹽是人民所必需的，並且是唐代政府未開發的財源。整理財政的第一着，便是專賣食鹽。政府設置許多鹽院鹽場，招集鹽戶製鹽，以官定的價格賣鹽與鹽商，任鹽商自由的販運。鹽商不到的地方，官自運鹽。(4)同時，過去屬於州縣的礦稅，也提到政府手中，這樣，在數量上，財政的收入，加大了。

但是，戰亂既起，驕卒悍將，到處皆是，搜括得的財富，如何運輸？

> 東自河陰，西臨蒲坂，亘三千里，屯戍相望，中軍皆鼎司元侯，賤卒亦儀同青紫，每云食半菽，又云無挾纊，輓漕所至，船到便留，卽非單車使折簡書所能制矣。(5)

想使在東南搜括得的租賦，能運到中央，必須以中央大官來管理漕運，所以唐代的轉運使往往是侍郞，尙書來兼領。管理鹽鐵漕運最有名的便是劉晏，劉晏的重要改革，約有下列幾項：

1. 官自設廠造船，免得雇商人的船舶。(6)

2.以鹽利爲漕傭，無需徵發丁男。

3.自淮北列置巡院，檢搜革除漕運的集弊。

4.以貨幣稅收，隨時購買現物，以應關中的需求。（7）

劉晏，身兼數使，東南財賦大權，皆在掌中，隨時以各種稅收的羨餘，補他種稅收的不足，使各地，不至於加賦而供給國用，永無缺額。在這種情形之下，唐世以東南財賦，供給了西北遊牧部落及內地軍閥，平定了內亂，保持了國內的相對的太平。

劉晏以後，主財政者，仍循晏遺規，旋較紊亂。李巽起，又復原狀，仍然依仗東南。關中，河東，河南，北，山東，是軍閥盤踞的地方。政府的任務，便是搜括東南，以供給北方的軍閥。能自東南搜括巨量財富的人，便是政府所最倚重的，所以轉運使常入爲宰相。南方的財富，與北方的遊牧部落，經過鹽鐵轉運使的居間維持了安史亂後的唐世，爲保持運輸路線，以控制東南的財富，政府也曾對中原的軍閥戰爭過。西北遊牧部落衰弱，中原軍閥愈強，東南財賦，就愈不易控制，運輸路線，一經斷絕，唐世運命，也就完了，五代混亂之局，於以形成。

(1)參閲通典十，鹽鐵。

(2)參閲通典十，運漕，唐會要八七。

(3)舊唐書，十四憲宗紀元和二年。

(4)唐會要八八，鹽鐵，文獻通考，征榷考。

(5)唐會要八七，劉晏與元載書。

(6)唐語林一。

(7)參閲唐會要八七，舊唐書，四九食貨志。

第八章　結論

唐初，承前代的政策，將大量的國有土地，分散與人民，即所謂均田制度。國有土地，一經分散，數量就必然的減少，人口增殖，殘餘的國有土地，不敷分配。均田制度，也就破壞。國家手中保有的土地，一部分，自始即以私田的租例出租，這是職田公廨田，一部份則以屯田的形式保存下來。私人莊田的發展，引動了政府，皇帝莊宅使，內莊宅使屬下的莊田，也便大規模的出現。

安史亂起，中原人民，流亡大盛，田土荒廢，亦至極點。政府在這種狀況中，一面搜求莊田，開闢屯田，一面將逃戶田地，賜與軍士，招人承佃，任爲永業，或則使人承佃出租。與人爲永業，造成了許多新的地主，召人租佃，造成了國家的莊田與佃戶。

貴族，大地主，寺院，承前代的遺風，仍然保有，造成許多莊田，均田制度所維持的小農，不能抗拒自然界的災害，賦役的苛重，高利貸的剝削，都逐漸對大地主們低首。國家的土地，他們也以借荒置牧等名義占奪，包佃下來，交與流徙的客戶莊客佃種。安史亂起，中原鼎沸，貴族，大地主，寺院的莊田，也不免受軍事的影響，於是他們漸漸的南下，在南方，以兼併，購買的方式，逐漸造成他們的莊田，南方的開發，安史之亂，在北方驅動了大地主貴族，及流徙的農民，是有一部份不甚顯著的功績的。

農民，在均田制度中，應是小農佔多數，不過均田制度，自始就不否認大田莊的存在，法令上，且直接的承認有佃人耕犂人的存在。可見自唐初起，莊客，佃客，農村中的傭工，即已然很普通。自然界的災害，賦役之繁重，高利貸之剝削，使獨立的小農喪失捨棄了田土，不入於山澤，流爲盜賊，即成了客戶，發展了莊客制度，也就是說，發展了佃作制度。另一部份農民，則流入城市，以傭工傭力爲生，發展城市中的傭作坊。

均田制度中，商人受田的數量特別少。但商人的力量，則特別大。政府固然已浸潤在高利貸的利潤中，即對於名義上屬於國的永業口分地，因爲商業的發達，也只好允許，或獎勵買充邸店碾磑。戶稅的徵取，對於工商業，也加了特別的注意。

商業的最重要的特點，是商客與邸店制度，這是這一時期的高級大量貿易的形式。這種形式的起始，遠在春秋戰國時代，向後延長到近代，還是佔很重要的地位。商客與邸店，使全國的經濟脈絡，溝通起來。

另一種較發展的商業經營，是代人保管錢物的櫃坊，與官私經營的便換，飛錢，這是匯兌之起源。

工業，除國家經營的大工場以外，最通行的形式，是行會，或作坊工業。商人資本家開設的手工業工廠，只有少量的紀錄，不過他們的影響與在工業界中的地位是不能否認的。

全國工商業最發達的地方，除去兩都以外，當推揚州，揚州是唐代最繁榮的商業，國際貿易都市。其次是四川的成都。四川的商業經濟，特別的發展。現有的大廟會會的記錄，在唐代都是關於四川的。固然，不能因爲他處沒有這種大廟會會的記錄，而否認牠們的存在，不過，由於牠們，在四川已有了記錄，使人們相信，四川或是較一般更發展的地方。

賦稅制度，在安史亂前，在租庸調制度以外，戶稅，地稅，即佔很重要的地位，安史亂後，租庸調制度，日益破壞，只好讓位於戶稅與地稅，兩稅法中除去夏秋二次徵納的改變以外，戶稅，地稅是兩種重要的項目。青苗錢則是田地的附加稅。榷酒錢，更是派配在青苗錢上的附加稅。

鹽稅，礦稅，在安史亂前，是未甚開發的財源。戰亂旣起，財源的擴充，首先便注意到鹽稅。自此，鹽成了政府專賣的商品，鹽商之豪富，自此也便時見於文人們的記錄。茶，酒，都在擴充財源中，成了稅源。延襲至後代，都成了政府的大宗收入。

東南的財富，在安史亂中未被破壞，國家的生命，便仰仗於東南，政府的重要任務，便是盡力搜括東南以供應西北的遊牧部落與北方驕悍的軍閥。鹽鐵使漕運使便是搜括與運輸的兩大重要官員，入爲宰相的，頗不乏其人。